Der Kleine Katechismus

Baptistenversion

© Edition ERB 2021

Übersetzung: Robert und Corinna Kunstmann

Satz und Gestaltung: Nathanael Armisen
Herstellung und Verlag: BoD – Books on Demand, Norderstedt

Die englischsprachige Ausgabe erschien unter dem Titel:
The Shorter Catechism: A Baptist Version
© 1991/2003² Simpson Publishing Company (Avinger, Texas)

Elberfelder Bibel 2006, © 2006 by SCM R.Brockhaus
in der SCM Verlagsgruppe GmbH, Witten/Holzgerlingen.

Bei der Übersetzung dieser Ausgabe haben wir folgende Übersetzungen
herangezogen, denen wir zu großem Dank verpflichtet sind:

Übersetzungen des Westminster Shorter Catechism:
    Ernst Gottfried Adolf Böckel (Hg.), *Die Bekenntnisschriften der evange-
    lisch-reformierten Kirche* (F. A. Brockhaus: Leipzig, 1847), S. 761-774.
    Cajus Fabricius, Corpus Confessionum: *Die Bekenntnisse der Christenheit,*
    Band 18 (Walter de Gruyter: Göttingen, 1937), S. 224-243.

ISBN: 9783754333440

INHALT

Mit großer Freude veröffentlichen wir den vorliegenden *Kleinen Katechismus* in deutscher Sprache.

Manch einer kann sich vielleicht unter einem „Katechismus" gar nichts vorstellen, was nicht verwunderlich ist, da Katechismen in unserer Zeit vielerorts kaum noch in Gebrauch sind. Dabei war es bereits in der alten Kirche (im 4.-5. Jahrhundert) üblich, diejenigen, die in die Gemeinde aufgenommen werden wollten, anhand von Katechismen in den Grundlehren des christlichen Glaubens zu unterweisen. Eine alte und bewährte christliche Tradition, die heute weitgehend in Vergessenheit geraten ist.

In der Zeit der Reformation wurden Katechismen zu einem der wichtigsten Mittel, mit denen den Gläubigen die rechte biblische Lehre nahegebracht wurde. So sagte Luther treffend über den von ihm verfassten Katechismus: „Der Katechismus ist eine Laienbibel. In ihm ist der ganze Inhalt der christlichen Lehre inbegriffen, die einem jeden Christen zur Seligkeit zu wissen nötig ist."[1] Dies gilt gleichermaßen auch für den vorliegenden *Kleinen Katechismus*.

Der vorliegende *Kleine Katechismus* entspricht in seiner Lehre dem *Baptistischen Glaubensbekenntnis von 1689*.[2] Es handelt sich hierbei um eine baptistische Bearbeitung des *Kleinen*

....
1 Martin Luther, „Kirche und Gemeinde." In: Martin Luther, *Luther deutsch: Die Werke Martin Luthers in neuer Auswahl für die Gegenwart,* Bd. 9, Hg. Kurt Aland (Göttingen: Vandenhoeck und Ruprecht, 1991⁴), S. 157.
2 Robert Kunstmann (Hg.), *Das baptistische Glaubensbekenntnis von 1689* (Norderstedt: Edition-ERB bei BoD, [2002] 2020²). Siehe Empfehlung S. 115.

Westminster Katechismus von 1648.[3] Fünf Jahre lang hatten einige der herausragenden protestantischen Theologen an diesem Katechismus mitgearbeitet, um ihn in seine endgültige Form zu bringen. Der Kirchenhistoriker Philip Schaff (1819-1893) vergleicht den *Kleinen Westminster Katechismus* mit den beiden anderen weit verbreiteten evangelischen Katechismen[4] und kommt dabei zu dem Ergebnis:

„Er übertrifft diese bei weitem in Klarheit und in der sorgsamen Wahl der Worte. ... Seine mathematisch präzisen Definitionen sind manchmal nahezu vollkommen." [5]

An wen wendet sich nun der Kleine Katechismus? Für wen ist er geschrieben?

Der *Kleine Katechismus* zielt in erster Linie darauf ab, die Kinder gläubiger Eltern zu Christus zu führen. Er führt uns von Gott, den wir verherrlichen und an dem wir uns ewig erfreuen sollen (1-12), über den gefallenen Zustand der Menschheit (13-20) zu Gottes gnädigem Heilshandeln durch Christus, den Erlöser (21-29). Der Heilige Geist bringt die Erlösung in das Leben des Gläubigen. Er befähigt zu Glauben und Buße. Dies

---

3 Eine Synopse der beiden Katechismen findet sich im Anhang auf Seite 100. Einige Überarbeitungen und Änderungen sind anhand des *Großen Westminster Katechismus* vorgenommen worden: Frage/Antwort 27 (45), 30-32 (67), 92-93 (61, 79-80) und 106 (178) (In Klammern stehen die Nummern des Großen Westminster Katechismus). Andere folgen *Keach's Katechismus* (1693): Frage/Antwort 39 (42), 41 (43) und 99-103 (96-100) (In Klammern stehen die Nummern von Keach's Katechismus). Einige Fragen/ Antworten sind darüber hinaus ganz neu formuliert worden: Frage/Antwort 3, 13, 88 und 94.

4 Dies sind *Luthers Kleiner Katechismus* (1529) und der *Heidelberger Katechismus* (1563).

5 Philipp Schaff, *The Creeds of Christendom: With a History and Critical Notes*, Bd. 1, "The History of Creeds" (1931, reprinted Grand Rapids, MI: Baker Book House, 1990), S. 787.

ist die Voraussetzung für die Rechtfertigung, die Annahme zur Kindschaft, die Heiligung, das Beharren und den Eingang in die Herrlichkeit Gottes (30-41). Erst nachdem das Heil allein in Christus, allein aus Glauben, allein aus Gnade vorgestellt wurde, widmet sich der Katechismus dem Gesetz (42-87) und den Pflichten des christlichen Lebens (88-115). Wir können den *Kleinen Katechismus* daher am besten als ein ausführliches evangelistisches Traktat verstehen, das dabei helfen soll, unsere Kinder zu Christus zu führen und anschließend zu einem Leben im Glauben anzuleiten.

Was für die Kinder gläubiger Eltern gilt, kann natürlich auch auf die Unterweisung Jungbekehrter oder Suchender angewendet werden. Auch ihnen vermittelt der *Kleine Katechismus* die wichtigsten Lehren der Heiligen Schrift in knapper Form.

Gewiss werden aber auch reifere Gläubige vom Kleinen Katechismus profitieren, denn in ihm finden wir eine kompakte Zusammenfassung der christlichen Glaubenslehre. Wer diese verinnerlicht hat, wird jederzeit für seinen Glauben Rechenschaft ablegen können (1Petr 3,15-16) und ein klares Verständnis von der „Lehre der Schrift" haben (Röm 6,17; 1Tim 1,3; 3,15; 4,6.13.16; 6,3; 2Tim 1,13; 2,15; Tit 1,9; Jud 3).

Der *Kleine Katechismus* ist nicht nur in englischer Sprache altbewährt, sondern auch die vorliegende deutsche Übersetzung wurde er bereits in einem kleinem Kreis in der Praxis erprobt. Wir ermutigen die Familien in unserer Gemeinde, mit ihren Kindern den *Kinderkatechismus*[6] zu lernen. Einige ältere Kinder und junge Erwachsene, die den *Kinderkatechismus*

---

6 *Biblische Glaubenslehre für Kinder* (Oerlinghausen: Betanien Verlag, 2014).

bereits dreimal durchgearbeitet haben, haben anschließend begonnen, den *Kleinen Katechismus* zu erlernen.

Gewöhnlich lernen sie eine Antwort pro Woche auswendig. Manche Bibelverse, die sie bereits aus dem *Kinderkatechismus* kennen, wiederholen sie und lernen neue dazu.[7] Wir ermutigen die Familienväter, als Teil der täglichen Familienandacht den Katechismus abzufragen und einzuüben, auch wenn die Kinder diesen ansonsten in ihrer persönlichen Stillen Zeit weitgehend selbstständig lernen können.

Der *Kleine Katechismus* wird sicher auch in der Evangelisch-Reformierten Baptistengemeinde in Wetzlar, in der ich als Pastor dienen darf, künftig vielfältig gebraucht werden, da er dort Teil unserer Bekenntnisgrundlage ist. Den Geschwistern in dieser „meiner" Gemeinde bin ich außerdem für die Ermutigung, Hilfe und Unterstützung auch ganz besonders dankbar. Insbesondere Gerd Roths erste Übersetzung dieses Katechismus war eine wichtige Grundlage für die vorliegende Übersetzung. Doch weit wertvoller als Korallen oder Perlen war auch bei diesem Projekt einmal mehr die Hilfe meiner geliebten Frau Corinna. In sorgfältiger und liebevoller Weise hat sie mich in allen Phasen der Übersetzung begleitet, unterstützt und korrigiert. Ohne sie wäre das vorliegende Buch in dieser Form nicht möglich gewesen.

....

7   Ein mögliches Raster, wie man den *Kleinen Katechismus* innerhalb von zwei Jahren erlernen kann, findet sich im Anhang auf Seite 112.

Wir hoffen und beten, dass Gott diesen Katechismus im Land der Reformation zur Festigung der Heiligen in dem ein für alle Mal überlieferten Glauben und zur Gründung seiner Gemeinde auf der Wahrheit seines irrtumslosen Wortes gebrauchen möge. Ihm allein gebührt die Ehre.

Soli Deo gloria
Robert Kunstmann

Die höchste Bestimmung

Einführung

1. Was ist die höchste Bestimmung des Menschen?

Die höchste Bestimmung des Menschen ist, Gott zu verherrlichen[1] und sich seiner ewig zu erfreuen.[2]

1. *1Korinther 10,31* | Ob ihr nun esst oder trinkt oder sonst etwas tut, tut alles zur Ehre Gottes!

   Römer 11,36 | Denn aus ihm und durch ihn und zu ihm hin sind alle Dinge! Ihm sei die Herrlichkeit in Ewigkeit! Amen.

2. *Psalm 73,25-28* | Wen habe ich im Himmel? Und außer dir habe ich an nichts Gefallen auf der Erde. Mag auch mein Leib und mein Herz vergehen — meines Herzens Fels und mein Teil ist Gott auf ewig. Denn siehe, es werden umkommen die, die sich von dir fern halten. Du bringst zum Schweigen jeden, der dir die Treue bricht. Ich aber: Gott zu nahen ist mir gut. Ich habe meine Zuversicht auf den Herrn, HERRN, gesetzt, zu erzählen alle deine Taten.

2. Was für eine Richtlinie hat Gott gegeben, um uns anzuleiten, wie wir ihn verherrlichen und uns seiner erfreuen können?

2 Das Wort Gottes (das sind die Schriften des Alten und Neuen Testaments)[1] ist die einzige Richtlinie, die uns anleitet, wie wir Gott verherrlichen und uns seiner erfreuen können.[2]

1. **2.Timotheus 3,15-16** | Und weil du von Kind auf die heiligen Schriften kennst, die Kraft haben, dich weise zu machen zur Rettung durch den Glauben, der in Christus Jesus ist. Alle Schrift ist von Gott eingegeben und nützlich zur Lehre, zur Überführung, zur Zurechtweisung, zur Unterweisung in der Gerechtigkeit, damit der Mensch Gottes richtig sei, für jedes gute Werk ausgerüstet.

Epheser 2,20 | Ihr seid aufgebaut auf der Grundlage der Apostel und Propheten, wobei Christus Jesus selbst Eckstein ist.

2. **1.Johannes 1,3-4** | Was wir gesehen und gehört haben, verkündigen wir auch euch, damit auch ihr mit uns Gemeinschaft habt; und zwar ist unsere Gemeinschaft mit dem Vater und mit seinem Sohn Jesus Christus. Und dies schreiben wir, damit unsere Freude vollkommen sei.

Lukas 16,29.31 | Abraham aber spricht: Sie haben Mose und die Propheten. Mögen sie die hören! ... Er sprach aber zu ihm: Wenn sie Mose und die Propheten nicht hören, so werden sie auch nicht überzeugt werden, wenn jemand aus den Toten aufersteht.

Galater 1,8-9 | Wenn aber auch wir oder ein Engel aus dem Himmel euch etwas als Evangelium entgegen dem verkündigten, was wir euch als Evangelium verkündigt haben: Er sei verflucht! Wie wir früher gesagt haben, so sage ich auch jetzt wieder: Wenn jemand euch etwas als Evangelium verkündigt entgegen dem, was ihr empfangen habt: Er sei verflucht!

3. Ist die Heilige Schrift in allem, was sie sagt, vertrauenswürdig?

Da die Schriften des Alten und Neuen Testaments von Gott eingegeben sind,[1] sind sie in allen Teilen unfehlbar und irrtumslos und in allem, was sie über Geschichte, Wissenschaft, Lehre, Ethik, religiöse Handlungen oder irgendein anderes Thema sagen, vertrauenswürdig.[2]

1. *2Timotheus 3,16* | Alle Schrift ist von Gott eingegeben und nützlich zur Lehre, zur Überführung, zur Zurechtweisung, zur Unterweisung in der Gerechtigkeit.

2. *1Thessaloncher 2,13* | Und darum danken auch wir Gott unablässig, dass, als ihr von uns das Wort der Kunde von Gott empfingt, ihr es nicht als Menschenwort aufnahmt, sondern, wie es wahrhaftig ist, als Gottes Wort, das in euch, den Glaubenden, auch wirkt.

   Johannes 10,35b | Die Schrift kann nicht aufgelöst werden.

4. Was ist die Hauptlehre der Heiligen Schrift?

Die Heilige Schrift lehrt in erster Linie, was der Mensch im Blick auf Gott glauben soll, und welche Pflichterfüllung Gott vom Menschen fordert.

2Timotheus 1,13 | Halte fest das Vorbild der gesunden Worte, die du von mir gehört hast, in Glauben und Liebe, die in Christus Jesus sind!

2Timotheus 3,16 | Alle Schrift ist von Gott eingegeben und nützlich zur Lehre, zur Überführung, zur Zurechtweisung, zur Unterweisung in der Gerechtigkeit.

Micha 6,8 | Man hat dir mitgeteilt, Mensch, was gut ist. Und was fordert der HERR von dir, als Recht zu üben und Güte zu lieben und bescheiden zu gehen mit deinem Gott?

I. Die Lehre von Gott

5. Was ist Gott?

5

Gott ist ein in seinem Wesen,[1] seiner Weisheit,[2] Macht,[3] Heiligkeit,[4] Gerechtigkeit, Güte und Treue[5] unendlicher,[6] ewiger[7] und unwandelbarer[8] Geist[9].

1. *2Mose 3,14* | Da sprach Gott zu Mose: Ich bin, der ich bin. Dann sprach er: So sollst du zu den Söhnen Israel sagen: Der „Ich bin" hat mich zu euch gesandt.

2. *Psalm 147,5* | Groß ist unser Herr und reich an Macht. Seine Einsicht ist ohne Maß.

3. *Hiob 42,2* | Ich habe erkannt, dass du alles vermagst und kein Plan für dich unausführbar ist.

   Offenbarung 4,8 | Und die vier lebendigen Wesen hatten, eines wie das andere, je sechs Flügel und sind ringsum und inwendig voller Augen, und sie hören Tag und Nacht nicht auf zu sagen: Heilig, heilig, heilig, Herr, Gott, Allmächtiger, der war und der ist und der kommt!

4. *Offenbarung 15,4* | Wer sollte nicht fürchten, Herr, und verherrlichen deinen Namen? Denn du allein bist heilig; denn alle Nationen werden kommen und vor dir anbeten, weil deine gerechten Taten offenbar geworden sind.

5. *2Mose 34,6-7* | Und der HERR ging vor seinem Angesicht vorüber und rief: Jahwe, Jahwe, Gott, barmher-

zig und gnädig, langsam zum Zorn und reich an Gnade und Treue, der Gnade bewahrt an Tausenden von Generationen, der Schuld, Vergehen und Sünde vergibt, aber keineswegs ungestraft lässt, sondern die Schuld der Väter heimsucht an den Kindern und Kindeskindern, an der dritten und vierten Generation.

6. *Hiob 11,7-9* | Kannst du die Tiefen Gottes erreichen oder die Vollkommenheit des Allmächtigen ergründen? Himmelhoch sind sie – was kannst du tun? – tiefer als der Scheol – was kannst du erkennen? Länger als die Erde ist ihr Maß und breiter als das Meer.

7. *Psalm 90,2* | Ehe die Berge geboren waren und du die Erde und die Welt erschaffen hattest, von Ewigkeit zu Ewigkeit bist du, Gott.

8. *Jakobus 1,17* | Jede gute Gabe und jedes vollkommene Geschenk kommt von oben herab, von dem Vater der Lichter, bei dem keine Veränderung ist noch eines Wechsels Schatten.

9. *Johannes 4,24* | Gott ist Geist, und die ihn anbeten, müssen in Geist und Wahrheit anbeten.

6. Gibt es mehr als einen Gott?

Es gibt nur einen einzigen,[1] den lebendigen und wahren Gott.[2]

6

1. *5Mose 6,4* | Höre, Israel: Der HERR ist unser Gott, der HERR allein!

2. *Jeremia 10,10* | Aber der HERR ist in Wahrheit Gott. Er ist der lebendige Gott und ein ewiger König. Vor seinem Grimm erbebt die Erde, und seinen Zorn können die Nationen nicht ertragen.

7. Wie viele Personen gibt es in der Gottheit?

In der Gottheit gibt es drei Personen: den Vater, den Sohn und den Heiligen Geist.[1] Diese drei sind der eine Gott, sie sind wesenseins und besitzen die gleiche Macht und Herrlichkeit.[2]

7

1. *Matthäus 28,19* | Geht nun hin und macht alle Nationen zu Jüngern, und tauft sie auf den Namen des Vaters und des Sohnes und des Heiligen Geistes.

   2Korinther 13,13 | Die Gnade des Herrn Jesus Christus und die Liebe Gottes und die Gemeinschaft des Heiligen Geistes sei mit euch allen!

2. *Johannes 10,30* | Ich und der Vater sind eins.

Apostelgeschichte 5,3-4 | Petrus aber sprach: Hananias, warum hat der Satan dein Herz erfüllt, dass du den Heiligen Geist belogen und von dem Kaufpreis des Feldes beiseite geschafft hast? Blieb es nicht dein, wenn es unverkauft blieb, und war es nicht, nachdem es verkauft war, in deiner Verfügung? Warum hast du dir diese Tat in deinem Herzen vorgenommen? Nicht Menschen hast du belogen, sondern Gott.

I. Die Lehre von Gott

8. Was sind die Ratschlüsse Gottes?

Die Ratschlüsse Gottes sind sein ewiger Vorsatz, gemäß dem Rat seines Willens, durch die er alles, was immer geschieht, zu seiner eigenen Verherrlichung vorherbestimmt hat.

Daniel 4,32 | Und alle Bewohner der Erde sind wie nichts gerechnet, und nach seinem Willen verfährt er mit dem Heer des Himmels und den Bewohnern der Erde. Und da ist niemand, der seiner Hand wehren und zu ihm sagen könnte: Was tust du?

Römer 11,36 | Denn aus ihm und durch ihn und zu ihm hin sind alle Dinge! Ihm sei die Herrlichkeit in Ewigkeit! Amen.

Epheser 1,4.11-12 | Wie er uns in ihm auserwählt hat vor Grundlegung der Welt, dass wir heilig und tadellos vor ihm seien in Liebe … Und in ihm haben wir auch ein Erbteil erlangt, die wir vorherbestimmt waren nach dem Vorsatz dessen, der alles nach dem Rat seines Willens wirkt, damit wir zum Preise seiner Herrlichkeit seien, die wir vorher schon auf den Christus gehofft haben.

9. Wie führt Gott seine Ratschlüsse aus?

Gott führt seine Ratschlüsse in den Werken der Schöpfung[1] und Vorsehung aus.[2]

1. **Offenbarung 4,11** | Du bist würdig, unser Herr und Gott, die Herrlichkeit und die Ehre und die Macht zu nehmen, denn du hast alle Dinge erschaffen, und deines Willens wegen waren sie und sind sie erschaffen worden.

2. **Epheser 1,11** | Und in ihm haben wir auch ein Erbteil erlangt, die wir vorherbestimmt waren nach dem Vorsatz dessen, der alles nach dem Rat seines Willens wirkt.

II. Die Lehre von der ursprünglichen Schöpfung und dem Sündenfall

▶ *A. Die Lehre von der Schöpfung*

10. Was ist das Werk der Schöpfung?

Das Werk der Schöpfung ist dies, dass Gott durch sein mächtiges Wort[1] im Zeitraum von sechs Tagen,[2] alle Dinge aus Nichts geschaffen hat[3] – und alles war sehr gut.[4]

10

1. *Hebräer 11,3* | Durch Glauben verstehen wir, dass die Welten durch Gottes Wort bereitet worden sind, so dass das Sichtbare nicht aus Erscheinendem geworden ist.

2. *2Mose 20,11* | Denn in sechs Tagen hat der HERR den Himmel und die Erde gemacht, das Meer und alles, was in ihnen ist, und er ruhte am siebten Tag; darum segnete der HERR den Sabbattag und heiligte ihn.

3. *1Mose 1,1-31* | Im Anfang schuf Gott den Himmel und die Erde…

Kolosser 1,16 | Denn in ihm ist alles in den Himmeln und auf der Erde geschaffen worden, das Sichtbare und das Unsichtbare, es seien Throne oder Herrschaften oder Gewalten oder Mächte: Alles ist durch ihn und zu ihm hin geschaffen.

4. *1Mose 1,31* | Und Gott sah alles, was er gemacht hatte, und siehe, es war sehr gut. Und es wurde Abend, und es wurde Morgen: der sechste Tag.

11. Wie hat Gott den Menschen geschaffen?

Gott schuf den Menschen, Mann und Frau – im Blick auf die Erkenntnis,[1] Gerechtigkeit[2] und Heiligkeit,[3] einschließlich der Herrschaft über die Geschöpfe –[4] nach seinem eigenen Bild.[5]

1. *Kolosser 3,10* | Und den neuen angezogen habt, der erneuert wird zur Erkenntnis nach dem Bild dessen, der ihn erschaffen hat!

2. *Prediger 7,29* | Allein, siehe, dies habe ich gefunden: Gott hat den Menschen aufrichtig gemacht; sie aber suchten viele Künste.

3. *Epheser 4,24* | Und den neuen Menschen angezogen habt, der nach Gott geschaffen ist in wahrhaftiger Gerechtigkeit und Heiligkeit.

4. *1Mose 1,26.28* | Und Gott sprach: Lasst uns Menschen machen in unserm Bild, uns ähnlich! Sie sollen herrschen über die Fische des Meeres und über die Vögel des Himmels und über das Vieh und über die ganze Erde und über alle kriechenden Tiere, die auf der Erde kriechen! … Und Gott segnete sie, und Gott sprach zu ihnen: Seid fruchtbar und vermehrt euch, und füllt die Erde, und macht sie euch untertan; und herrscht über die Fische des Meeres und über die Vögel des Himmels und über alle Tiere, die sich auf der Erde regen!

5. *1Mose 1,27* | Und Gott schuf den Menschen nach seinem Bild, nach dem Bild Gottes schuf er ihn; als Mann und Frau schuf er sie.

Die Lehre von der Vorsehung

▶ B. Die Lehre von der Vorsehung

12. Was sind Gottes Werke der Vorsehung?

Gottes Werke der Vorsehung sind seine äußerst heilige,[1] weise[2] und mächtige Bewahrung[3] und Regierung aller seiner Geschöpfe und aller ihrer Handlungen.[4]

12

1. *Psalm 145,17* | Der HERR ist gerecht in allen seinen Wegen und treu in allen seinen Werken.

2. *Psalm 104,24* | Wie zahlreich sind deine Werke, HERR! Du hast sie alle mit Weisheit gemacht, die Erde ist voll deines Eigentums.

   Jesaja 28,29 | Auch dies geht aus vom HERRN der Heerscharen. Er führt seinen Plan wunderbar aus, seine Weisheit lässt er groß sein.

3. *Hebräer 1,3* | Er, der Ausstrahlung seiner Herrlichkeit und Abdruck seines Wesens ist und alle Dinge durch das Wort seiner Macht trägt, hat sich, nachdem er die Reinigung von den Sünden bewirkt hat, zur Rechten der Majestät in der Höhe gesetzt.

   Kolosser 1,17 | Und er ist vor allem, und alles besteht durch ihn.

4. *Psalm 103,19* | Der HERR hat im Himmel aufgerichtet seinen Thron, und seine Herrschaft regiert über alles.

   Matthäus 10,29-31 | Werden nicht zwei Sperlinge für eine Münze verkauft? Und nicht einer von ihnen wird auf die Erde fallen ohne euren Vater. Bei euch aber sind selbst die Haare des Hauptes alle gezählt. Fürchtet euch nun nicht! Ihr seid wertvoller als viele Sperlinge.

► **C. Die Lehre von der Sünde**

13. In welchem Stand war der Mensch geschaffen worden?

13

Der Mensch war in einem sündlosen[1] und glücklichen[2] Stand geschaffen worden,[3] in dem ihm Gott, der Herr, die Fürsorge für den Garten Eden anvertraute[4] und ihm bei Todesstrafe verbot, vom Baum der Erkenntnis des Guten und Bösen zu essen.[5]

1. *1Mose 1,31a* | Und Gott sah alles, was er gemacht hatte, und siehe, es war sehr gut.

   Prediger 7,29 | Allein, siehe, dies habe ich gefunden: Gott hat den Menschen aufrichtig gemacht; sie aber suchten viele Künste.

2. *1Mose 2,9.25* | Und Gott, der HERR, ließ aus dem Erdboden allerlei Bäume wachsen, begehrenswert anzusehen und gut zur Nahrung, und den Baum des Lebens in der Mitte des Gartens, und den Baum der Erkenntnis des Guten und Bösen. … Und sie waren beide nackt, der Mensch und seine Frau, und sie schämten sich nicht.

3. *1Mose 2,7-8* | Da bildete Gott, der HERR, den Menschen, aus Staub vom Erdboden und hauchte in seine Nase Atem des Lebens; so wurde der Mensch eine lebende Seele. Und Gott, der HERR, pflanzte einen Garten in Eden im Osten, und er setzte dorthin den Menschen, den er gebildet hatte.

4. *1Mose 2,15* | Und Gott, der HERR, nahm den Menschen und setzte ihn in den Garten Eden, ihn zu bebauen und ihn zu bewahren.

5. *1Mose 2,16-17* | Und Gott, der HERR, gebot dem Menschen und sprach: Von jedem Baum des Gartens darfst du essen; aber vom Baum der Erkenntnis des Guten und Bösen, davon darfst du nicht essen; denn an dem Tag, da du davon isst, musst du sterben!

Die Lehre von der Sünde

14. Blieben unsere ersten Eltern in dem Stand, in dem sie geschaffen waren?

Unsere ersten Eltern, der Freiheit ihres eigenen Willens überlassen, fielen, indem sie gegen Gott sündigten, aus dem Stand, in dem sie geschaffen waren.

14

1Mose 3,6-8.13.17 | Und die Frau sah, dass der Baum gut zur Speise und dass er eine Lust für die Augen und dass der Baum begehrenswert war, Einsicht zu geben; und sie nahm von seiner Frucht und aß, und sie gab auch ihrem Mann bei ihr, und er aß. Da wurden ihrer beider Augen aufgetan, und sie erkannten, dass sie nackt waren; und sie hefteten Feigenblätter zusammen und machten sich Schurze. Und sie hörten die Stimme Gottes, des HERRN, der im Garten wandelte bei der Kühle des Tages. Da versteckte sich der Mensch und seine Frau vor dem Angesicht Gottes, des HERRN, mitten zwischen den Bäumen des Gartens. ... Da sagte der Mensch: Die Frau, die du mir zur Seite gegeben hast, sie gab mir von dem Baum, und ich aß. ... Und zu Adam sprach er: Weil du auf die Stimme deiner Frau gehört und gegessen hast von dem Baum, von dem ich dir geboten habe: Du sollst davon nicht essen! — so sei der Erdboden deinetwegen verflucht: Mit Mühsal sollst du davon essen alle Tage deines Lebens.

Prediger 7,29 | Allein, siehe, dies habe ich gefunden: Gott hat den Menschen aufrichtig gemacht; sie aber suchten viele Künste.

15. Was ist Sünde?

Sünde ist jeglicher Mangel an Übereinstimmung mit dem Gesetz Gottes oder jegliche Übertretung desselben.

15

1Johannes 3,4 | Jeder, der die Sünde tut, tut auch die Gesetzlosigkeit, und die Sünde ist die Gesetzlosigkeit.

16. Welches war die Sünde, durch die unsere ersten Eltern aus dem Stand fielen, in dem sie geschaffen waren?

16 Die Sünde, durch die unsere ersten Eltern aus dem Stand fielen, in dem sie geschaffen waren, war ihr Essen von der verbotenen Frucht.

1Mose 3,6.9-13 | Und die Frau sah, dass der Baum gut zur Speise und dass er eine Lust für die Augen und dass der Baum begehrenswert war, Einsicht zu geben; und sie nahm von seiner Frucht und aß, und sie gab auch ihrem Mann bei ihr, und er aß. … Und Gott, der HERR, rief den Menschen und sprach zu ihm: Wo bist du? Da sagte er: Ich hörte deine Stimme im Garten, und ich fürchtete mich, weil ich nackt bin, und ich versteckte mich.

Und er sprach: Wer hat dir erzählt, dass du nackt bist? Hast du etwa von dem Baum gegessen, von dem ich dir geboten habe, du solltest nicht davon essen? Da sagte der Mensch: Die Frau, die du mir zur Seite gegeben hast, sie gab mir von dem Baum, und ich aß. Und Gott, der HERR, sprach zur Frau: Was hast du da getan! Und die Frau sagte: Die Schlange hat mich getäuscht, da aß ich.

17. Ist in Adams erster Übertretung die ganze Menschheit gefallen?

Weil das Verbot hinsichtlich der verbotenen Frucht Adam als dem Stellvertreter der Menschheit gegeben worden war, war er nicht nur für sich selbst ungehorsam, sondern auch für seine Nachkommenschaft; so dass die ganze Menschheit, die durch gewöhnliche Fortpflanzung von Adam abstammt, in ihm gesündigt hat und mit ihm in seiner ersten Übertretung gefallen ist.

1Mose 2,16-17 | Und Gott, der HERR, gebot dem Menschen und sprach: Von jedem Baum des Gartens darfst du essen; aber vom Baum der Erkenntnis des Guten und Bösen, davon darfst du nicht essen; denn an dem Tag, da du davon isst, musst du sterben!

Römer 5,12.18-19 | Darum, wie durch einen Menschen die Sünde in die Welt gekommen ist und durch die Sünde der Tod und so der Tod zu allen Menschen durchgedrungen ist, weil sie alle gesündigt haben … Wie es nun durch eine Übertretung für alle Menschen zur Verdammnis kam, so auch durch eine Gerechtigkeit für alle Menschen zur Rechtfertigung des Lebens. Denn wie durch des einen Menschen Ungehorsam die vielen in die Stellung von Sündern versetzt worden sind, so werden auch durch den Gehorsam des einen die vielen in die Stellung von Gerechten versetzt werden.

1Korinther 15,21-22 | Denn da ja durch einen Menschen der Tod kam, so auch durch einen Menschen die Auferstehung der Toten. Denn wie in Adam alle sterben, so werden auch in Christus alle lebendig gemacht werden.

18. In welchen Stand versetzte der Sündenfall die Menschheit?

18

Der Sündenfall versetzte die Menschheit in einen Stand der Sünde und des Elends.

Römer 5,12 | Darum, wie durch einen Menschen die Sünde in die Welt gekommen ist und durch die Sünde der Tod und so der Tod zu allen Menschen durchgedrungen ist, weil sie alle gesündigt haben.

1Mose 3,16-19 | Zu der Frau sprach er: Ich werde sehr vermehren die Mühsal deiner Schwangerschaft, mit Schmerzen sollst du Kinder gebären! Nach deinem Mann wird dein Verlangen sein, er aber wird über dich herrschen! Und zu Adam sprach er: Weil du auf die Stimme deiner Frau gehört und gegessen hast von dem Baum, von dem ich dir geboten habe: Du sollst davon nicht essen! — so sei der Erdboden deinetwegen verflucht: Mit Mühsal sollst du davon essen alle Tage deines Lebens; und Dornen und Disteln wird er dir sprossen lassen, und du wirst das Kraut des Feldes essen! Im Schweiße deines Angesichts wirst du dein Brot essen, bis du zurückkehrst zum Erdboden, denn von ihm bist du genommen. Denn Staub bist du, und zum Staub wirst du zurückkehren!

19. Worin besteht die Sündhaftigkeit des Standes, in den der Mensch gefallen ist?

Die Sündhaftigkeit des Standes, in den der Mensch gefallen ist, besteht in der Schuld von Adams erster Sünde,[1] dem Mangel der ursprünglichen Gerechtigkeit[2] und der Verdorbenheit seiner ganzen Natur,[3] was man gewöhnlich Erbsünde nennt, samt allen Tatsünden, die aus ihr hervorgehen.[4]

19

1. *Römer 5,12.19* | Darum, wie durch einen Menschen die Sünde in die Welt gekommen ist und durch die Sünde der Tod und so der Tod zu allen Menschen durchgedrungen ist, weil sie alle gesündigt haben. ... Denn wie durch des einen Menschen Ungehorsam die vielen in die Stellung von Sündern versetzt worden sind, so werden auch durch den Gehorsam des einen die vielen in die Stellung von Gerechten versetzt werden.

2. *Prediger 7,29* | Allein, siehe, dies habe ich gefunden: Gott hat den Menschen aufrichtig gemacht; sie aber suchten viele Künste.

   Römer 3,10 | Wie geschrieben steht: „Da ist kein Gerechter, auch nicht einer."

3. *Epheser 2,1-3* | Auch euch hat er auferweckt, die ihr tot wart in euren Vergehungen und Sünden, in denen ihr einst wandeltet gemäß dem Zeitlauf dieser Welt, gemäß dem Fürsten der Macht der Luft, des Geistes, der jetzt in den Söhnen des Ungehorsams wirkt. Unter diesen hatten auch wir einst all unseren Verkehr in den Begierden unseres Fleisches, indem wir den Willen des Fleisches und der Gedanken taten und von Natur Kinder des Zorns waren wie auch die anderen.

   Psalm 51,7 | Siehe, in Schuld bin ich geboren, und in Sünde hat mich meine Mutter empfangen.

4. *Jakobus 1,14-15* | Ein jeder aber wird versucht, wenn er von seiner eigenen Begierde fortgezogen und gelockt wird. Danach, wenn die Begierde empfangen hat, bringt sie Sünde hervor; die Sünde aber, wenn sie vollendet ist, gebiert den Tod.

   Matthäus 15,19-20a | Denn aus dem Herzen kommen hervor böse Gedanken: Mord, Ehebruch, Unzucht, Diebstahl, falsche Zeugnisse, Lästerungen; diese Dinge sind es, die den Menschen verunreinigen.

20. Was ist das Elend des Standes, in den die ganze Menschheit gefallen ist?

Durch ihren Fall hat die ganze Menschheit die Gemeinschaft mit Gott verloren;[1] sie befindet sich unter seinem Zorn und Fluch[2] und ist daher allem Elend in diesem Leben,[3] dem Tod selbst[4] und den ewigen Qualen der Hölle ausgeliefert.[5]

1. *1Mose 3,8.10.24* | Und sie hörten die Stimme Gottes, des HERRN, der im Garten wandelte bei der Kühle des Tages. Da versteckten sich der Mensch und seine Frau vor dem Angesicht Gottes, des HERRN, mitten zwischen den Bäumen des Gartens. … Da sagte er: Ich hörte deine Stimme im Garten, und ich fürchtete mich, weil ich nackt bin, und ich versteckte mich. … Und er trieb den Menschen aus und ließ östlich vom Garten Eden die Cherubim sich lagern und die Flamme des zuckenden Schwertes, den Weg zum Baum des Lebens zu bewachen.

2. *Epheser 2,2-3* | In denen ihr einst wandeltet gemäß dem Zeitlauf dieser Welt, gemäß dem Fürsten der Macht der Luft, des Geistes, der jetzt in den Söhnen des Ungehorsams wirkt. Unter diesen hatten auch wir einst all unseren Verkehr in den Begierden unseres Fleisches, indem wir den Willen des Fleisches und der Gedanken taten und von Natur Kinder des Zorns waren wie auch die anderen.

3. *Klagelieder 3,39* | Was beklagt sich der Mensch, der noch am Leben ist, was beklagt sich der Mann über seine Sündenstrafe?

4. *Römer 6,23* | Denn der Lohn der Sünde ist der Tod, die Gnadengabe Gottes aber ewiges Leben in Christus Jesus, unserem HERRN.

5. *Matthäus 25,41.46* | Dann wird er auch zu denen zur Linken sagen: Geht von mir, Verfluchte, in das ewige Feuer, das bereitet ist dem Teufel und seinen Engeln! … Und diese werden hingehen zur ewigen Strafe, die Gerechten aber in das ewige Leben.

21. Hat Gott die ganze Menschheit dahingegeben, so dass sie im Stand der Sünde und des Elends zugrunde geht?

Gott, der nach seinem reinen Wohlgefallen von aller Ewigkeit her einige zum ewigen Leben erwählt hatte,[1] hat einen Weg des Heils eingerichtet, um sie aus dem Stand der Sünde und des Elends zu befreien und sie durch einen Erlöser in einen Stand des Heils zu versetzen.[2]

1. *Epheser 1,4* | Wie er uns in ihm auserwählt hat vor Grundlegung der Welt, dass wir heilig und tadellos vor ihm seien in Liebe.

    Apostelgeschichte 13,48b | Es glaubten, so viele zum ewigen Leben verordnet waren.

2. *Römer 3,20-22* | Darum: Aus Gesetzeswerken wird kein Fleisch vor ihm gerechtfertigt werden; denn durchs Gesetz kommt Erkenntnis der Sünde. Jetzt aber ist ohne Gesetz Gottes Gerechtigkeit offenbart worden, bezeugt durch das Gesetz und die Propheten: Gottes Gerechtigkeit aber durch Glauben an Je-

sus Christus für alle, die glauben. Denn es ist kein Unterschied.

Galater 3,21-22 | Ist denn das Gesetz gegen die Verheißungen Gottes? Auf keinen Fall! Denn wenn ein Gesetz gegeben worden wäre, das lebendig machen könnte, dann wäre wirklich die Gerechtigkeit aus dem Gesetz. Aber die Schrift hat alles unter die Sünde eingeschlossen, damit die Verheißung aus Glauben an Jesus Christus den Glaubenden gegeben werde.

▶ *A. Die von Christus erwirkte Erlösung*

22. Wer ist der Erlöser der Auserwählten Gottes?

22

Der einzige Erlöser der Auserwählten Gottes ist der Herr Jesus Christus,[1] der als ewiger Sohn Gottes Mensch wurde,[2] und als solcher war und bleibt er für immer[3] Gott und Mensch in zwei unterschiedlichen Naturen und in einer Person.[4]

1. *1 Timotheus 2,5-6* | Denn einer ist Gott, und einer ist Mittler zwischen Gott und Menschen, der Mensch Christus Jesus, der sich selbst als Lösegeld für alle gab, als das Zeugnis zur rechten Zeit.

2. *Johannes 1,14* | Und das Wort wurde Fleisch und wohnte unter uns, und wir haben seine Herrlichkeit angeschaut, eine Herrlichkeit als eines Eingeborenen vom Vater, voller Gnade und Wahrheit.

   Galater 4,4 | Als aber die Fülle der Zeit kam, sandte Gott seinen Sohn, geboren von einer Frau, geboren unter Gesetz.

3. *Hebräer 7,24-25* | Dieser aber, weil er in Ewigkeit bleibt, hat ein unveränderliches Priestertum. Daher kann er die auch völlig erretten, die sich durch ihn Gott nahen, weil er immer lebt, um sich für sie zu verwenden.

4. *Römer 9,5* | Deren die Väter sind und aus denen dem Fleisch nach der Christus ist, der über allem ist, Gott, gepriesen in Ewigkeit. Amen.

   Lukas 1,35 | Und der Engel antwortete und sprach zu ihr: Der Heilige Geist wird über dich kommen, und Kraft des Höchsten wird dich überschatten; darum wird auch das Heilige, das geboren werden wird, Sohn Gottes genannt werden.

   Kolosser 2,9 | Denn in ihm wohnt die ganze Fülle der Gottheit leibhaftig.

Die erwirkte Erlösung

23. Wie ist Christus, der Sohn Gottes, Mensch geworden?

Christus, der Sohn Gottes, ist Mensch geworden, indem er einen echten Leib[1] und eine vernunftbegabte Seele[2] annahm. Dies geschah, indem er durch die Kraft des Heiligen Geistes im Leib der Jungfrau Maria empfangen und von ihr geboren wurde,[3] jedoch ohne Sünde.[4]

1. *Hebräer 2,14* | Weil nun die Kinder Blutes und Fleisches teilhaftig sind, hat auch er in gleicher Weise daran Anteil gehabt, um durch den Tod den zunichte zu machen, der die Macht des Todes hat, das ist den Teufel.

2. *Matthäus 26,38* | Dann spricht er zu ihnen: Meine Seele ist sehr betrübt, bis zum Tod. Bleibt hier und wacht mit mir!

3. *Lukas 1,27.31.35.42* | Zu einer Jungfrau, die einem Mann namens Josef, aus dem Haus Davids, verlobt war, und der Name der Jungfrau war Maria. ... Und siehe, du wirst schwanger werden und einen Sohn gebären, und du sollst seinen Namen Jesus nennen. ... Und der Engel antwortete und sprach zu ihr: Der Heilige Geist wird über dich kommen, und Kraft des Höchsten wird dich überschatten; darum wird auch das Heilige, das geboren werden wird, Sohn Gottes genannt werden. ... Und rief mit lauter Stimme und sprach: Gesegnet bist du unter den Frauen, und gesegnet ist die Frucht deines Leibes!

Galater 4,4 | Als aber die Fülle der Zeit kam, sandte Gott seinen Sohn, geboren von einer Frau, geboren unter Gesetz.

4. *Hebräer 4,15* | Denn wir haben nicht einen Hohenpriester, der nicht Mitleid haben könnte mit unseren Schwachheiten, sondern der in allem in gleicher Weise wie wir versucht worden ist, doch ohne Sünde.

Hebräer 7,26 | Denn ein solcher Hoherpriester geziemte sich auch für uns: heilig, sündlos, unbefleckt, abgesondert von den Sündern und höher als die Himmel geworden.

24. Welche Ämter übt Christus als Erlöser aus?

24

Christus übt als Erlöser die Ämter eines Propheten,[1] eines Priesters[2] und eines Königs[3] aus, sowohl im Stand seiner Erniedrigung als auch in dem seiner Erhöhung.

1. *Apostelgeschichte 3,21-22* | Den muss freilich der Himmel aufnehmen bis zu den Zeiten der Wiederherstellung aller Dinge, von denen Gott durch den Mund seiner heiligen Propheten von jeher geredet hat. Mose hat schon gesagt: „Einen Propheten wird euch der Herr, euer Gott, aus euren Brüdern erwecken, gleich mir. Auf ihn sollt ihr hören in allem, was er zu euch reden wird!"

2. *Hebräer 5,5-7* | So hat auch der Christus sich nicht selbst verherrlicht, um Hoherpriester zu werden, sondern der, welcher zu ihm gesagt hat: „Mein Sohn bist du, ich habe dich heute gezeugt." Wie er auch an einer anderen Stelle sagt: „Du bist Priester in Ewigkeit nach der Ordnung Melchisedeks." Der hat in den Tagen seines Fleisches sowohl Bitten als auch Flehen mit starkem Geschrei und Tränen dem dargebracht, der ihn aus dem Tod erretten kann, und ist um seiner Gottesfurcht willen erhört worden

Hebräer 7,25 | Daher kann er die auch völlig erretten, die sich durch ihn Gott nahen, weil er immer lebt, um sich für sie zu verwenden.

3. *Psalm 2,6* | Habe doch ich meinen König geweiht auf Zion, meinem heiligen Berg!

Jesaja 9,5-6 | Denn ein Kind ist uns geboren, ein Sohn uns gegeben, und die Herrschaft ruht auf seiner Schulter; und man nennt seinen Namen: Wunderbarer Ratgeber, starker Gott, Vater der Ewigkeit, Fürst des Friedens. Groß ist die Herrschaft, und der Friede wird kein Ende haben auf dem Thron Davids und über seinem Königreich, es zu festigen und zu stützen durch Recht und Gerechtigkeit von nun an bis in Ewigkeit. Der Eifer des HERRN der Heerscharen wird dies tun.

Matthäus 21,5 | Sagt der Tochter Zion: Siehe, dein König kommt zu dir, sanftmütig und auf einer Eselin reitend, und zwar auf einem Fohlen, dem Jungen eines Lasttiers.

25. Wie übt Christus das Amt eines Propheten aus?

Christus übt das Amt eines Propheten dadurch aus, dass er seinem Volk mittels seines Wortes und Geistes den Willen Gottes für sein Heil offenbart.

Johannes 1,18 | Niemand hat Gott jemals gesehen; der eingeborene Sohn, der in des Vaters Schoß ist, der hat ihn kundgemacht.

1Petrus 1,10-12 | Im Hinblick auf diese Rettung suchten und forschten Propheten, die über die an euch erwiesene Gnade weissagten. Sie forschten, auf welche oder auf was für eine Zeit der Geist Christi, der in ihnen war, hindeutete, als er die Leiden, die auf Christus kommen sollten, und die Herrlichkeiten danach vorher bezeugte. Ihnen wurde es offenbart, dass sie nicht sich selbst, sondern euch dienten im Blick auf das, was euch jetzt verkündet worden ist durch die, welche euch das Evangelium verkündigt haben im Heiligen Geist, der vom Himmel gesandt ist, in welche Dinge Engel hineinzuschauen begehren.

Johannes 20,31 | Diese aber sind geschrieben, damit ihr glaubt, dass Jesus der Christus ist, der Sohn Gottes, und damit ihr durch den Glauben Leben habt in seinem Namen.

Johannes 14,26 | Der Beistand aber, der Heilige Geist, den der Vater senden wird in meinem Namen, der wird euch alles lehren und euch an alles erinnern, was ich euch gesagt habe.

26. Wie übt Christus das Amt eines Priesters aus?

Christus übt das Amt eines Priesters dadurch aus, dass er sich selbst einmal für die Sünden seines Volkes als Opfer dargebracht hat, um der göttlichen Gerechtigkeit Genüge zu tun[1] und es mit Gott zu versöhnen,[2] und dadurch, dass er fortwährend als Fürsprecher für sein Volk eintritt.[3]

1. *Hebräer 9,14.28* | Wie viel mehr wird das Blut des Christus, der sich selbst durch den ewigen Geist als Opfer ohne Fehler Gott dargebracht hat, euer Gewissen reinigen von toten Werken, damit ihr dem lebendigen Gott dient! … So wird auch der Christus, nachdem er einmal geopfert worden ist, um vieler Sünden zu tragen, zum zweiten Male ohne Beziehung zur Sünde denen zum Heil erscheinen, die ihn erwarten.

2. *Hebräer 2,17* | Daher musste er in allem den Brüdern gleich werden, damit er barmherzig und ein treuer Hoherpriester vor Gott werde, um die Sünden des Volkes zu sühnen.

Römer 5,10 | Denn wenn wir, als wir Feinde waren, mit Gott versöhnt wurden durch den Tod seines Sohnes, so werden wir viel mehr, da wir versöhnt sind, durch sein Leben gerettet werden.

3. *Hebräer 7,24-25* | Dieser aber, weil er in Ewigkeit bleibt, hat ein unveränderliches Priestertum. Daher kann er die auch völlig retten, die sich durch ihn Gott nahen, weil er immer lebt, um sich für sie zu verwenden.

27. Wie übt Christus das Amt eines Königs aus?

Christus übt das Amt eines Königs dadurch aus, dass er sich seine Gemeinde aus der Welt dazu beruft, sein Volk zu sein,[1] und über sie herrscht[2] und sie verteidigt.[3] Er unterwirft,[4] errettet,[5] bewahrt[6] und segnet[7] seine Erwählten, und er weist alle seine und ihre Feinde in die Schranken, besiegt sie und übt an ihnen Vergeltung.[8]

1. **Apostelgeschichte 15,14-16** | Simon hat erzählt, wie Gott zuerst darauf gesehen hat, aus den Nationen ein Volk zu nehmen für seinen Namen. Und hiermit stimmen die Worte der Propheten überein, wie geschrieben steht: „Nach diesem will ich zurückkehren und wieder aufbauen die Hütte Davids, die verfallen ist, und ihre Trümmer will ich wieder bauen und sie wieder aufrichten."

Matthäus 16,18 | Aber auch ich sage dir: Du bist Petrus, und auf diesem Felsen werde ich meine Gemeinde bauen, und des Hades Pforten werden sie nicht überwältigen.

1Petrus 2,9-10 | Ihr aber seid ein auserwähltes Geschlecht, ein königliches Priestertum, eine heilige Nation, ein Volk zum Besitztum, damit ihr die Tugenden dessen verkündigt, der euch aus der Finsternis zu seinem wunderbaren Licht berufen hat; die ihr einst „nicht ein Volk" wart, jetzt aber ein Volk Gottes seid; die ihr „nicht Barmherzigkeit empfangen hattet", jetzt aber Barmherzigkeit empfangen habt.

2. **Epheser 1,22** | Und alles hat er seinen Füßen unterworfen und ihn als Haupt über alles der Gemeinde gegeben.

Epheser 4,11-12 | Und er hat die einen als Apostel gegeben und andere als Propheten, andere als Evangelisten, andere als Hirtend und Lehrer, zur Ausrüstung der Heiligen für das Werk des Dienstes, für die Erbauung des Leibes Christi.

Jesaja 33,22 | Denn der HERR ist unser Richter, der HERR unser Anführer, der Herr unser König. Er wird uns retten.

3. **Matthäus 16,18** | Aber auch ich sage dir: Du bist Petrus, und auf diesem Felsen werde ich meine Gemeinde bauen, und des Hades Pforten werden sie nicht überwältigen.

Jesaja 32,1-2 | Siehe, ein König wird in Gerechtigkeit regieren; und die Obersten, sie werden nach Recht herrschen. Und jeder wird sein wie ein Bergungsort vor dem Wind und ein Schutz vor dem Wolkenbruch, wie Wasserbäche in dürrer Gegend, wie der Schatten eines gewaltigen Felsens im lechzenden Land.

Jesaja 33,22 | Denn der HERR ist unser Richter, der HERR unser Anführer, der Herr unser König. Er wird uns retten.

4. **Psalm 110,2-3** | Den Stab deiner Macht wird der HERR aus Zion ausstrecken. Herrsche inmitten deiner Feinde! Dein Volk ist voller Willigkeit am Tage deiner Macht. In heiliger Pracht, aus dem Schoß der Morgenröte habe ich dich wie Tau gezeugt.

5. **Apostelgeschichte 5,31** | Diesen hat Gott durch seine Rechte zum Führer und Retter erhöht, um Israel Buße und Vergebung der Sünden zu geben.

6. **Jesaja 63,9** | In all ihrer Not. Nicht Bote noch Engel — er selbst hat sie gerettet. In seiner Liebe und in seinem Erbarmen hat er sie erlöst. Und er hob sie auf und trug sie alle Tage der Vorzeit.

7. **Offenbarung 2,10** | Fürchte dich nicht vor dem, was du leiden wirst! Siehe, der Teufel wird einige von euch ins Gefängnis werfen, damit ihr geprüft werdet, und ihr werdet Bedrängnis haben zehn Tage. Sei treu bis zum Tod! Und ich werde dir den Siegeskranz des Lebens geben.

Offenbarung 22,12 | Siehe, ich komme bald und mein Lohn mit mir, um einem jeden zu vergelten, wie sein Werk ist.

8. **1Korinther 15,25** | Denn er muss herrschen, bis er alle Feinde unter seine Füße gelegt hat.

2Thessalonicher 1,8-9 | Dabei übt er Vergeltung an denen, die Gott nicht kennen, und an denen, die dem Evangelium unseres Herrn Jesus nicht gehorchen; sie werden Strafe leiden, ewiges Verderben vom Angesicht des Herrn und von der Herrlichkeit seiner Stärke.

III. Die Lehre von der Erlösung durch Christus

28. Worin bestand Christi Erniedrigung?

Christi Erniedrigung bestand darin, dass er als Mensch in Niedrigkeit geboren[1] und unter das Gesetz getan wurde,[2] dass er das Elend dieses Lebens,[3] den Zorn Gottes[4] und den verfluchten Kreuzestod[5] auf sich nahm und dass er begraben wurde[6] und eine Zeit lang unter der Gewalt des Todes blieb.[7]

1. **Lukas 2,7** | Und sie gebar ihren erstgeborenen Sohn und wickelte ihn in Windeln und legte ihn in eine Krippe, weil in der Herberge kein Raum für sie war.

2. **Galater 4,4** | Als aber die Fülle der Zeit kam, sandte Gott seinen Sohn, geboren von einer Frau, geboren unter dem Gesetz.

3. **Hebräer 12,2-3** | Indem wir hinschauen auf Jesus, den Anfänger und Vollender des Glaubens, der um der vor ihm liegenden Freude willen die Schande nicht achtete und das Kreuz erduldete und sich gesetzt hat zur Rechten des Thrones Gottes. Denn betrachtet den, der so großen Widerspruch von den Sündern gegen sich erduldet hat, damit ihr nicht ermüdet und in euren Seelen ermattet!

   Jesaja 53,2-3 | Er ist wie ein Trieb vor ihm aufgeschossen und wie ein Wurzelspross aus dürrem Erdreich. Er hatte keine Gestalt und keine Pracht. Und als wir ihn sahen, da hatte er kein Aussehen, dass wir Gefallen an ihm gefunden hätten. Er war verachtet und von den Menschen verlassen, ein Mann der Schmerzen und mit Leiden vertraut, wie einer, vor dem man das Gesicht verbirgt. Er war verachtet, und wir haben ihn nicht geachtet.

4. **Lukas 22,44** | Und als er in Angst war, betete er heftiger. Es wurde aber sein Schweiß wie große Blutstropfen, die auf die Erde herabfielen.

4. **Matthäus 27,46** | Um die neunte Stunde aber schrie Jesus mit lauter Stimme auf und sagte: Eli, Eli, lemá sabachtháni? Das heißt: Mein Gott, mein Gott, warum hast du mich verlassen?

5. **Philipper 2,7-8** | Aber er machte sich selbst zu nichts und nahm Knechtsgestalt an, indem er den Menschen gleich geworden ist, und der Gestalt nach wie ein Mensch befunden, erniedrigte er sich selbst und wurde gehorsam bis zum Tod, ja, zum Tod am Kreuz.

6. **1Korinther 15,3-4** | Denn ich habe euch vor allem überliefert, was ich auch empfangen habe: dass Christus für unsere Sünden gestorben ist nach den Schriften; und dass er begraben wurde und dass er auferweckt worden ist am dritten Tag nach den Schriften.

7. **Apostelgesch. 2,24-27.31** | Den hat Gott auferweckt, nachdem er die Wehen des Todes aufgelöst hatte, wie es denn nicht möglich war, dass er von ihm behalten würde. Denn David sagt über ihn: „Ich sah den Herrn allezeit vor mir; denn er ist zu meiner Rechten, damit ich nicht wanke. Darum freute sich mein Herz, und meine Zunge jubelte; ja, auch mein Fleisch wird in Hoffnung ruhen; denn du wirst meine Seele nicht im Hades zurücklassen noch zugeben, dass dein Frommer Verwesung sehe." … Er hat vorausschend von der Auferstehung des Christus geredet, dass er weder im Hades zurückgelassen worden ist noch sein Fleisch die Verwesung gesehen hat.

29. Worin besteht Christi Erhöhung?

Christi Erhöhung besteht in seiner Auferstehung von den Toten am dritten Tag,[1] seiner Himmelfahrt,[2] seinem Sitzen zur Rechten Gottes des Vaters[3] und seinem Kommen, um die Welt am Jüngsten Tag zu richten.[4]

1. *1Korinther 15,4* | Und dass er begraben wurde und dass er auferweckt worden ist am dritten Tag nach den Schriften.

2. *Markus 16,19* | Der Herr wurde nun, nachdem er mit ihnen geredet hatte, in den Himmel aufgenommen und setzte sich zur Rechten Gottes.

   Apostelgeschichte 1,9-11 | Und als er dies gesagt hatte, wurde er vor ihren Blicken emporgehoben, und eine Wolke nahm ihn auf vor ihren Augen weg. Und als sie gespannt zum Himmel schauten, wie er auffuhr, siehe, da standen zwei Männer in weißen Kleidern bei ihnen, die auch sprachen: Männer von Galiläa, was steht ihr und seht hinauf zum Himmel? Dieser Jesus, der von euch weg in den Himmel aufgenommen worden ist, wird so kommen, wie ihr ihn habt hingehen sehen in den Himmel.

3. *Epheser 1,20-21* | Die hat er in Christus wirksam werden lassen, indem er ihn aus den Toten auferweckt und zu seiner Rechten in der Himmelswelt gesetzt hat, hoch über jede Gewalt und Macht und Kraft und Herrschaft und jeden Namen, der nicht nur in diesem Zeitalter, sondern auch in dem zukünftigen genannt werden wird.

4. *Apostelgeschichte 17,31* | Weil er einen Tag festgesetzt hat, an dem er den Erdkreis richten wird in Gerechtigkeit durch einen Mann, den er dazu bestimmt hat, und er hat allen dadurch den Beweis gegeben, dass er ihn auferweckt hat aus den Toten.

► **B. Die Auswirkung der Erlösung auf das Leben des Christen**

30. Wie werden die von Gott Erwählten Teilhaber der von Christus erworbenen Erlösung?

Die von Gott Erwählten werden dadurch Teilhaber der von Christus erworbenen Erlösung, dass Gott der Vater[1] sie ihnen[2] durch seinen Heiligen Geist wirksam zueignet.[3]

1. *Römer 8,29* | Denn die er vorher erkannt hat, die hat er auch vorherbestimmt, dem Bilde seines Sohnes gleichförmig zu sein, damit er der Erstgeborene sei unter vielen Brüdern.

2. *Johannes 1,11-12* | Er kam in das Seine, und die Seinen nahmen ihn nicht an; so viele ihn aber aufnahmen, denen gab er das Recht, Kinder Gottes zu werden, denen, die an seinen Namen glauben.

3. *Titus 3,5-6* | Er rettete uns, nicht aus Werken, die, in Gerechtigkeit vollbracht, wir getan hätten, sondern nach seiner Barmherzigkeit durch die Waschung der Wiedergeburt und Erneuerung des Heiligen Geistes. Den hat er durch Jesus Christus, unseren Retter, reichlich über uns ausgegossen.

31. Wie eignet der Vater seinen Erwählten durch den Heiligen Geist die von Christus erworbene Erlösung zu?

Der Vater eignet seinen Erwählten durch den Heiligen Geist die von Christus erworbene Erlösung dadurch zu, dass er in ihnen Glauben wirkt[1] und sie in ihrer wirksamen Berufung mit Christus vereinigt.[2]

1. ***Johannes 6,37.39*** | Alles, was mir der Vater gibt, wird zu mir kommen, und wer zu mir kommt, den werde ich nicht hinausstoßen… Dies aber ist der Wille dessen, der mich gesandt hat, dass ich von allem, was er mir gegeben hat, nichts verliere, sondern es auferwecke am letzten Tag.

   Epheser 2,8 | Denn aus Gnade seid ihr gerettet durch Glauben, und das nicht aus euch, Gottes Gabe ist es.

   Philipper 1,29 | Denn euch ist es im Blick auf Christus geschenkt worden, nicht allein an ihn zu glauben, sondern auch für ihn zu leiden.

   Johannes 1,12-13 | So viele ihn aber aufnahmen, denen gab er das Recht, Kinder Gottes zu werden, denen, die an seinen Namen glauben; die nicht aus Geblüt, auch nicht aus dem Willen des Fleisches, auch nicht aus dem Willen des Mannes, sondern aus Gott geboren sind.

   Verglichen mit Johannes 3,5 | Jesus antwortete: Wahrlich, wahrlich, ich sage dir: Wenn jemand nicht aus Wasser und Geist geboren wird, kann er nicht in das Reich Gottes hineingehen.

2. ***1Korinther 1,9*** | Gott ist treu, durch den ihr berufen worden seid in die Gemeinschaft seines Sohnes Jesus Christus, unseres Herrn.

   Johannes 6,44 | Niemand kann zu mir kommen, wenn nicht der Vater, der mich gesandt hat, ihn zieht; und ich werde ihn auferwecken am letzten Tag.

32. Was ist die wirksame Berufung?

Die wirksame Berufung ist das mächtige und gnädige Wirken Gottes, des Vaters,[1] womit er[2] durch sein Wort[3] und seinen Geist[4] seine Erwählten[5] zu Jesus Christus einlädt und zieht;[6] indem er sie von ihrer Sünde und ihrem Elend überführt,[7] ihren Verstand durch die Erkenntnis Christi erleuchtet[8] und ihren Willen erneuert,[9] so dass sie dadurch willig und fähig werden, Jesus Christus zu ergreifen, der jedem im Evangelium frei dargeboten wird.[10]

1. *2Timotheus 1,8-9* | So schäme dich nun nicht des Zeugnisses unseres Herrn noch meiner, seines Gefangenen, sondern leide mit für das Evangelium nach der Kraft Gottes! Der hat uns gerettet und berufen mit heiligem Ruf, nicht nach unseren Werken, sondern nach seinem eigenen Vorsatz und der Gnade, die uns in Christus Jesus vor ewigen Zeiten gegeben.

2. *1Korinther 1,9* | Gott ist treu, durch den ihr berufen worden seid in die Gemeinschaft seines Sohnes Jesus Christus, unseres Herrn.

   Römer 8,29-30 | Denn die er vorher erkannt hat, die hat er auch vorherbestimmt, dem Bilde seines Sohnes gleichförmig zu sein, damit er der Erstgeborene sei unter vielen Brüdern. Die er aber vorherbestimmt hat, diese hat er auch berufen; und die er berufen hat, diese hat er auch gerechtfertigt; die er aber gerechtfertigt hat, diese hat er auch verherrlicht.

3. *2Thessalonicher 2,13-14* | Wir aber müssen Gott allezeit für euch danken, vom Herrn geliebte Brüder, dass Gott euch von Anfang an erwählt hat zur Rettung in Heiligung des Geistes und im Glauben an die Wahrheit, wozu er euch auch berufen hat durch unser Evangelium, zur Erlangung der Herrlichkeit unseres Herrn Jesus Christus.

   Jakobus 1,18 | Nach seinem Willen hat er uns durch das Wort der Wahrheit geboren, damit wir eine Art Erstlingsfrucht seiner Geschöpfe seien.

   1Petrus 1,23.25 | Denn ihr seid wiedergeboren nicht aus vergänglichem Samen, sondern aus unvergänglichem, durch das lebendige und bleibende Wort Gottes… Aber das Wort des Herrn bleibt in Ewigkeit. Dies aber ist das Wort, das euch als Evangelium verkündigt worden ist.

4. *Johannes 6,63* | Der Geist ist es, der lebendig macht; das Fleisch nützt nichts. Die Worte, die ich zu euch geredet habe, sind Geist und sind Leben.

   Johannes 1,12-13 | So viele ihn aber aufnahmen, denen gab er das Recht, Kinder Gottes zu werden, denen, die an seinen Namen glauben; die nicht aus Geblüt, auch nicht aus dem Willen des Fleisches, auch nicht aus dem Willen des Mannes, sondern aus Gott geboren sind.

5. **Römer 8,29-30** | Denn die er vorher erkannt hat, die hat er auch vorherbestimmt, dem Bilde seines Sohnes gleichförmig zu sein, damit er der Erstgeborene sei unter vielen Brüdern. Die er aber vorherbestimmt hat, diese hat er auch berufen; und die er berufen hat, diese hat er auch gerechtfertigt; die er aber gerechtfertigt hat, diese hat er auch verherrlicht.

6. **1Korinther 1,9** | Gott ist treu, durch den ihr berufen worden seid in die Gemeinschaft seines Sohnes Jesus Christus, unseres Herrn.

Johannes 6,44 | Niemand kann zu mir kommen, wenn nicht der Vater, der mich gesandt hat, ihn zieht; und ich werde ihn auferwecken am letzten Tag.

7. **Johannes 16,8-11** | Und wenn er gekommen ist, wird er die Welt überführen von Sünde und von Gerechtigkeit und von Gericht. Von Sünde, weil sie nicht an mich glauben; von Gerechtigkeit aber, weil ich zum Vater gehe und ihr mich nicht mehr seht; von Gericht aber, weil der Fürst dieser Welt gerichtet ist.

8. **Matthäus 16,16-17** | Simon Petrus aber antwortete und sprach: Du bist der Christus, der Sohn des lebendigen Gottes. Und Jesus antwortete und sprach zu ihm: Glückselig bist du, Simon, Bar Jona; denn Fleisch und Blut haben es dir nicht offenbart, sondern mein Vater, der in den Himmeln ist.

Apostelgeschichte 26,18 | Ihre Augen zu öffnen, dass sie sich bekehren von der Finsternis zum Licht und von der Macht des Satans zu Gott, damit sie Vergebung der Sünden empfangen und ein Erbe unter denen, die durch den Glauben an mich geheiligt sind.

9. **Hesekiel 36,26-27** | Und ich werde euch ein neues Herz geben und einen neuen Geist in euer Inneres geben; und ich werde das steinerne Herz aus eurem Fleisch wegnehmen und euch ein fleischernes Herz geben. Und ich werde meinen Geist in euer Inneres geben; und ich werde machen, dass ihr in meinen Ordnungen lebt und meine Rechtsbestimmungen bewahrt und tut.

Psalm 110,3 | Dein Volk ist voller Willigkeit am Tage deiner Macht. In heiliger Pracht, aus dem Schoß der Morgenröte habe ich dich wie Tau gezeugt.

10. **Johannes 6,44-45** | Niemand kann zu mir kommen, wenn nicht der Vater, der mich gesandt hat, ihn zieht; und ich werde ihn auferwecken am letzten Tag. Es steht in den Propheten geschrieben: „Und sie werden alle von Gott gelehrt sein." Jeder, der von dem Vater gehört und gelernt hat, kommt zu mir.

Philipper 2,13 | Denn Gott ist es, der in euch wirkt, sowohl das Wollen als auch das Wirken zu seinem Wohlgefallen.

5Mose 30,6 | Und der HERR, dein Gott, wird dein Herz und das Herz deiner Nachkommen beschneiden, damit du den HERRN, deinen Gott, liebst mit deinem ganzen Herzen und mit deiner ganzen Seele, dass du am Leben bleibst.

Matthäus 11,25-28 | Zu jener Zeit begann Jesus und sprach: Ich preise dich, Vater, HERR des Himmels und der Erde, dass du dies vor Weisen und Verständigen verborgen und es Unmündigen offenbart hast. Ja, Vater, denn so war es wohlgefällig vor dir. Alles ist mir übergeben worden von meinem Vater; und niemand erkennt den Sohn als nur der Vater, noch erkennt jemand den Vater als nur der Sohn, und der, dem der Sohn ihn offenbaren will. Kommt her zu mir, alle ihr Mühseligen und Beladenen! Und ich werde euch Ruhe geben.

33. Welche Wohltaten werden den wirksam Berufenen in diesem Leben zuteil?

Den wirksam Berufenen werden in diesem Leben die Rechtfertigung,[1] die Kindschaft,[2] die Heiligung und die vielfachen Wohltaten zuteil, die in diesem Leben damit verbunden sind oder daraus hervorgehen.[3]

1. *Römer 8,30* | Die er aber vorherbestimmt hat, diese hat er auch berufen; und die er berufen hat, diese hat er auch gerechtfertigt; die er aber gerechtfertigt hat, diese hat er auch verherrlicht.

2. *Epheser 1,5* | Und uns vorherbestimmt hat zur Sohnschaft durch Jesus Christus für sich selbst nach dem Wohlgefallen seines Willens.

3. *1Korinther 6,11* | Und das sind manche von euch gewesen; aber ihr seid abgewaschen, aber ihr seid geheiligt, aber ihr seid gerechtfertigt worden durch den Namen des Herrn Jesus Christus und durch den Geist unseres Gottes.

1Korinther 1,26.30 | Denn seht, eure Berufung, Brüder, dass es nicht viele Weise nach dem Fleisch, nicht viele Mächtige, nicht viele Edle sind … Aus ihm aber kommt es, dass *ihr* in Christus Jesus seid, der uns geworden ist Weisheit von Gott und Gerechtigkeit und Heiligkeit und Erlösung.

34. Was ist Rechtfertigung?

Die Rechtfertigung ist ein Akt der freien Gnade Gottes[1] gegenüber Sündern, die wirksam zu Jesus Christus berufen sind,[2] wodurch er alle ihre Sünden vergibt[3] und sie als in seinen Augen gerecht annimmt.[4] Dies geschieht nur aufgrund der Gerechtigkeit Christi, die ihnen angerechnet[5] und allein durch den Glauben empfangen wird.[6]

1. *Römer 3,24-25* | Und werden umsonst gerechtfertigt durch seine Gnade, durch die Erlösung, die in Christus Jesus ist. Ihn hat Gott hingestellt als einen Sühneort durch den Glauben an sein Blut zum Erweis seiner Gerechtigkeit wegen des Hingehenlassens der vorher geschehenen Sünden.

2. *Römer 8,30* | Die er aber vorherbestimmt hat, diese hat er auch berufen; und die er berufen hat, diese hat er auch gerechtfertigt; die er aber gerechtfertigt hat, diese hat er auch verherrlicht.

3. *Römer 4,6-8* | Wie auch David die Seligpreisung des Menschen ausspricht, dem Gott Gerechtigkeit ohne Werke zurechnet: „Glückselig die, deren Gesetzlosigkeiten vergeben und deren Sünden bedeckt sind! Glückselig der Mann, dem der Herr Sünde nicht zurechnet!"

4. *2Korinther 5,19.21* | Nämlich dass Gott in Christus war und die Welt mit sich selbst versöhnte, ihnen ihre Übertretungen nicht zurechnete und in uns das Wort von der Versöhnung gelegt hat. ... Den, der Sünde nicht kannte, hat er für uns zur Sünde gemacht, damit wir Gottes Gerechtigkeit würden in ihm.

5. *Römer 5,17-19* | Denn wenn durch die Übertretung des einen der Tod durch den einen geherrscht hat, so werden viel mehr die, welche den Überfluss der Gnade und der Gabe der Gerechtigkeit empfangen, im Leben herrschen durch den einen, Jesus Christus. Wie es nun durch eine Übertretung für alle Menschen zur Verdammnis kam, so auch durch eine Gerechtigkeit für alle Menschen zur Rechtfertigung des Lebens. Denn wie durch des einen Menschen Ungehorsam die vielen in die Stellung von Sündern versetzt worden sind, so werden auch durch den Gehorsam des einen die vielen in die Stellung von Gerechten versetzt werden.

6. *Galater 2,16* | Aber da wir wissen, dass der Mensch nicht aus Gesetzeswerken gerechtfertigt wird, sondern nur durch den Glauben an Christus Jesus, haben wir auch an Christus Jesus geglaubt, damit wir aus Glauben an Christus gerechtfertigt werden und nicht aus Gesetzeswerken, weil aus Gesetzeswerken kein Fleisch gerechtfertigt wird.

Philipper 3,9 | Und in ihm gefunden werde — indem ich nicht meine Gerechtigkeit habe, die aus dem Gesetz ist, sondern die durch den Glauben an Christus, die Gerechtigkeit aus Gott aufgrund des Glaubens.

35. Was ist die Annahme zur Kindschaft?

Die Annahme zur Kindschaft ist ein Akt der freien Gnade Gottes,[1] wodurch alle Gerechtfertigten in die Schar der Kinder Gottes aufgenommen werden und ein Anrecht auf alle deren Vorrechte erhalten.[2]

1. *1Johannes 3,1* | Seht, welch eine Liebe uns der Vater gegeben hat, dass wir Kinder Gottes heißen sollen! Und wir sind es. Deswegen erkennt uns die Welt nicht, weil sie ihn nicht erkannt hat.

2. *Johannes 1,12* | So viele ihn aber aufnahmen, denen gab er das Recht, Kinder Gottes zu werden, denen, die an seinen Namen glauben.

Römer 8,17 | Wenn aber Kinder, so auch Erben, Erben Gottes und Miterben Christi, wenn wir wirklich mitleiden, damit wir auch mitverherrlicht werden.

36. Was ist Heiligung?

Die Heiligung ist das Werk der freien Gnade Gottes,[1] wodurch seine Auserwählten am ganzen Menschen nach dem Bild Gottes erneuert werden[2] und mehr und mehr dazu befähigt werden, der Sünde abzusterben und der Gerechtigkeit zu leben.[3]

1. *2Thessalonicher 2,13* | Wir aber müssen Gott allezeit für euch danken, vom Herrn geliebte Brüder, dass Gott euch von Anfang an erwählt hat zur Rettung in Heiligung des Geistes und im Glauben an die Wahrheit.

2. *Epheser 4,23-24* | Dagegen erneuert werdet in dem Geist eurer Gesinnung und den neuen Menschen angezogen habt, der nach Gott geschaffen ist in wahrhaftiger Gerechtigkeit und Heiligkeit

Römer 6,4-6 | So sind wir nun mit ihm begraben worden durch die Taufe in den Tod, damit, wie Christus aus den Toten auferweckt worden ist durch die Herrlichkeit des Vaters, so werden auch wir in Neuheit des Lebens wandeln. Denn wenn wir verwachsen sind mit der Gleichheit seines Todes, so werden wir es auch mit der seiner Auferstehung sein; da wir dies erkennen, dass unser alter Mensch mitgekreuzigt worden ist, damit der Leib der Sünde abgetan sei, dass wir der Sünde nicht mehr dienen.

Galater 5,24 | Die aber dem Christus Jesus angehören, haben das Fleisch samt den Leidenschaften und Begierden gekreuzigt.

3. *1Johannes 5,4* | Denn alles, was aus Gott geboren ist, überwindet die Welt; und dies ist der Sieg, der die Welt überwunden hat: unser Glaube.

Römer 8,1.4 | Also gibt es jetzt keine Verdammnis für die, die in Christus Jesus sind. ... Damit die Rechtsforderung des Gesetzes erfüllt wird in uns, die wir nicht nach dem Fleisch, sondern nach dem Geist wandeln.

Philipper 1,6 | Ich bin ebenso in guter Zuversicht, dass der, der ein gutes Werk in euch angefangen hat, es vollenden wird bis auf den Tag Christi Jesu.

Philipper 2,12-13 | Daher, meine Geliebten — wie ihr allezeit gehorsam gewesen seid, nicht nur in meiner Gegenwart, sondern jetzt noch viel mehr in meiner Abwesenheit —, bewirkt euer Heil mit Furcht und Zittern! Denn Gott ist es, der in euch wirkt, sowohl das Wollen als auch das Wirken zu seinem Wohlgefallen.

37. Welche Wohltaten sind in diesem Leben mit der Rechtfertigung, Kindschaft und Heiligung verbunden oder gehen daraus hervor?

Die Wohltaten, die in diesem Leben mit der Rechtfertigung, Kindschaft und Heiligung verbunden sind oder daraus hervorgehen, sind die Gewissheit der Liebe Gottes, der Friede des Gewissens,[1] die Freude im Heiligen Geist,[2] das Wachstum in der Gnade[3] und das Beharren darin bis zum Ende.[4]

37

1. *Römer 5,1-2.5* | Da wir nun gerechtfertigt worden sind aus Glauben, so haben wir Frieden mit Gott durch unseren Herrn Jesus Christus, durch den wir im Glauben auch Zugang erhalten haben zu dieser Gnade, in der wir stehen, und rühmen uns aufgrund der Hoffnung der Herrlichkeit Gottes. ... Die Hoffnung aber lässt nicht zuschanden werden, denn die Liebe Gottes ist ausgegossen in unsere Herzen durch den Heiligen Geist, der uns gegeben worden ist.

2. *Römer 14,17* | Denn das Reich Gottes ist nicht Essen und Trinken, sondern Gerechtigkeit und Friede und Freude im Heiligen Geist.

3. *Sprüche 4,18* | Aber der Pfad der Gerechten ist wie das glänzende Morgenlicht, heller und heller erstrahlt es bis zur Tageshöhe.

4. *1Petrus 1,5* | Die ihr in der Kraft Gottes durch Glauben bewahrt werdet zur Rettung, die bereitsteht, in der letzten Zeit offenbart zu werden.

38. Welche Wohltaten empfangen die Gläubigen von Christus beim Tod?

38

Die Seelen der Gläubigen werden bei ihrem Tod vollkommen gemacht in Heiligkeit[1] und gehen unmittelbar in die Herrlichkeit ein;[2] und ihre Leiber ruhen, weiter mit Christus vereinigt,[3] in ihren Gräbern[4] bis zur Auferstehung.[5]

1. *Hebräer 12,23* | Und zu der Gemeinde der Erstgeborenen, die in den Himmeln angeschrieben sind; und zu Gott, dem Richter aller; und zu den Geistern der vollendeten Gerechten.

2. *2Korinther 5,1.6.8* | Denn wir wissen, dass, wenn unser irdisches Zelthaus zerstört wird, wir einen Bau von Gott haben, ein nicht mit Händen gemachtes, ewiges Haus in den Himmeln. ... So sind wir nun allezeit guten Mutes und wissen, dass wir, während ‚einheimisch' im Leib, wir vom Herrn ‚ausheimisch' sind ... wir sind aber guten Mutes und möchten lieber ‚ausheimisch' vom Leib und ‚einheimisch' beim Herrn sein.

Philipper 1,23 | Ich werde aber von beidem bedrängt: Ich habe Lust, abzuscheiden und bei Christus zu sein, denn es ist weit besser.

Lukas 23,43 | Und er sprach zu ihm: Wahrlich, ich sage dir: Heute wirst du mit mir im Paradies sein.

3. *1Thessalonicher 4,14* | Denn wenn wir glauben, dass Jesus gestorben und auferstanden ist, wird auch Gott ebenso die Entschlafenen durch Jesus mit ihm bringen.

4. *Jesaja 57,2* | Er geht ein zum Frieden. Sie ruhen auf ihren Lagerstätten, jeder, der seinen geraden Weg geht.

5. *Hiob 19,26-27* | Und nachdem man meine Haut so zerschunden hat, werde ich doch aus meinem Fleisch Gott schauen. Ja, ich werde ihn für mich sehen, und meine Augen werden ihn sehen, aber nicht als Fremden. Meine Nieren verschmachten in meinem Innern.

1Thessalonicher 4,16 | Denn der Herr selbst wird beim Befehlsruf, bei der Stimme eines Erzengels und bei dem Schall der Posaune Gottes herabkommen vom Himmel, und die Toten in Christus werden zuerst auferstehen.

Die vollendete Erlösung

39. Was widerfährt den Gottlosen bei ihrem Tod?

Die Seelen der Gottlosen werden bei ihrem Tod in die Qualen der Hölle geworfen, und ihre Leiber liegen in ihren Gräbern[1] bis zur Auferstehung und zum Gericht am jüngsten Tag.[2]

1. *Lukas 16,23-24* | Und als er im Hades seine Augen aufschlug und in Qualen war, sieht er Abraham von weitem und Lazarus in seinem Schoß. Und er rief und sprach: Vater Abraham, erbarme dich meiner und sende Lazarus, dass er die Spitze seines Fingers ins Wasser tauche und meine Zunge kühle! Denn ich leide Pein in dieser Flamme.

2. *Apostelgeschichte 24,15* | Und die Hoffnung zu Gott habe, die auch selbst diese hegen, dass eine Auferstehung der Gerechten wie der Ungerechten sein wird.

Johannes 5,28-29 | Wundert euch darüber nicht, denn es kommt die Stunde, in der alle, die in den Gräbern sind, seine Stimme hören und hervorkommen werden; die das Gute getan haben zur Auferstehung des Lebens, die aber das Böse verübt haben zur Auferstehung des Gerichts.

2Petrus 2,9 | Der Herr weiß die Gottseligen aus der Versuchung zu retten, die Ungerechten aber aufzubewahren für den Tag des Gerichts, wenn sie bestraft werden.

40. Welche Wohltaten empfangen die Gläubigen von Christus bei der Auferstehung?

40

Bei der Auferstehung werden die Gläubigen in Herrlichkeit auferweckt,[1] öffentlich anerkannt und am Tag des Gerichts freigesprochen werden[2] und in der völligen Freude an Gott bis in alle Ewigkeit[3] vollkommen selig sein.[4]

1. *Philipper 3,21* | Der unseren Leib der Niedrigkeit umgestalten wird und seinem Leib der Herrlichkeit gleichförmig machen wird, nach der wirksamen Kraft, mit der er vermag, auch alle Dinge sich zu unterwerfen.

   1Korinther 15,42-43 | So ist auch die Auferstehung der Toten. Es wird gesät in Vergänglichkeit, es wird auferweckt in Unvergänglichkeit. Es wird gesät in Unehre, es wird auferweckt in Herrlichkeit; es wird gesät in Schwachheit, es wird auferweckt in Kraft.

2. *Matthäus 25,23* | Sein Herr sprach zu ihm: Recht so, du guter und treuer Knecht! Über weniges warst du treu, über vieles werde ich dich setzen; geh hinein in die Freude deines Herrn.

   Matthäus 10,32 | Jeder nun, der sich vor den Menschen zu mir bekennen wird, zu dem werde auch ich

mich bekennen vor meinem Vater, der in den Himmeln ist.

3. *1Thessalonicher 4,17-18* | Danach werden wir, die Lebenden, die übrig bleiben, zugleich mit ihnen entrückt werden in Wolken dem Herrn entgegen in die Luft; und so werden wir allezeit beim Herrn sein. So ermuntert nun einander mit diesen Worten!

4. *1Johannes 3,2* | Geliebte, jetzt sind wir Kinder Gottes, und es ist noch nicht offenbar geworden, was wir sein werden; wir wissen, dass wir, wenn es offenbar werden wird, ihm gleich sein werden, denn wir werden ihn sehen, wie er ist.

   1Korinther 13,12 | Denn wir sehen jetzt mittels eines Spiegels undeutlich, dann aber von Angesicht zu Angesicht. Jetzt erkenne ich stückweise, dann aber werde ich erkennen, wie auch ich erkannt worden bin.

Die vollendete Erlösung

41. Was widerfährt den Gottlosen am Tag des Gerichts?

Am Tag des Gerichts[1] werden die zur Schande auferweckten Gottlosen,[2] zusammen mit dem Teufel und seinen Engeln,[3] für alle Ewigkeit zu unaussprechlichen Qualen des Leibes und der Seele in der Hölle verurteilt werden.[4]

1. *Johannes 5,28-29* | Wundert euch darüber nicht, denn es kommt die Stunde, in der alle, die in den Gräbern sind, seine Stimme hören und hervorkommen werden; die das Gute getan haben zur Auferstehung des Lebens, die aber das Böse verübt haben zur Auferstehung des Gerichts.

2. *Daniel 12,2* | Und viele von denen, die im Land des Staubes schlafen, werden aufwachen; die einen zu ewigem Leben und die anderen zur Schande, zu ewigem Abscheu.

3. *Matthäus 25,41.46* | Dann wird er auch zu denen zur Linken sagen: Geht von mir, Verfluchte, in das ewige Feuer, das bereitet ist dem Teufel und seinen Engeln! … Und diese werden hingehen zur ewigen Strafe, die Gerechten aber in das ewige Leben.

4. *2Thessalonicher 1,8-9* | Dabei übt er in flammendem Feuer Vergeltung an denen, die Gott nicht kennen, und an denen, die dem Evangelium unseres Herrn Jesus nicht gehorchen; sie werden Strafe leiden, ewiges Verderben vom Angesicht des Herrn und von der Herrlichkeit seiner Stärke.

Matthäus 13,49-50 | So wird es in der Vollendung des Zeitalters sein: Die Engel werden hinausgehen und die Bösen aus der Mitte der Gerechten aussondern und sie in den Feuerofen werfen; da wird das Weinen und das Zähneknirschen sein.

Offenbarung 14,10-11 | So wird auch er trinken vom Wein des Grimmes Gottes, der unvermischt im Kelch seines Zornes bereitet ist; und er wird mit Feuer und Schwefel gequält werden vor den heiligen Engeln und vor dem Lamm. Und der Rauch ihrer Qual steigt auf von Ewigkeit zu Ewigkeit; und sie haben keine Ruhe Tag und Nacht, die das Tier und sein Bild anbeten, und wenn jemand das Malzeichen seines Namens annimmt.

42. Welche Pflicht fordert Gott vom Menschen?

42

Die Pflicht, die Gott vom Menschen fordert, ist Gehorsam gegenüber seinem offenbarten Willen.

Prediger 12,13-14 | Das Endergebnis des Ganzen lasst uns hören: Fürchte Gott und halte seine Gebote! Denn das soll jeder Mensch tun. Denn Gott wird jedes Werk, es sei gut oder böse, in ein Gericht über alles Verborgene bringen.

Micha 6,8 | Man hat dir mitgeteilt, Mensch, was gut ist. Und was fordert der HERR von dir, als Recht zu üben und Güte zu lieben und bescheiden zu gehen mit deinem Gott?

I. Gottes Moralgesetz – die Zehn Gebote

► A. Eine Zusammenfassung des Moralgesetzes

43. Was offenbarte Gott dem Menschen zuerst als Regel für seinen Gehorsam?

43

Die Regel, die Gott dem Menschen zuerst für seinen Gehorsam offenbarte, war das Moralgesetz.

Römer 2,14-15 | Denn wenn Nationen, die kein Gesetz haben, von Natur dem Gesetz entsprechend handeln, so sind diese, die kein Gesetz haben, sich selbst ein Gesetz. Sie beweisen, dass das Werk des Gesetzes in ihren Herzen geschrieben ist, indem ihr Gewissen mit Zeugnis gibt und ihre Gedanken sich untereinander anklagen oder auch entschuldigen.

44. Worin ist das Moralgesetz kurz und bündig zusammengefasst?

Das Moralgesetz ist in den Zehn Geboten kurz und bündig zusammengefasst.

44

5Mose 10,4 | Und er schrieb auf die Tafeln, ebenso wie die erste Schrift war, die zehn Worte, die der HERR auf dem Berg mitten aus dem Feuer zu euch geredet hatte am Tag der Versammlung. Und der HERR gab sie mir.

Matthäus 19,17 | Er aber sprach zu ihm: Was fragst du mich über das Gute? Einer ist der Gute. Wenn du aber ins Leben hineinkommen willst, so halte die Gebote!

▶ **B. Das grundlegende Prinzip der Zehn Gebote**

45. Was ist die Zusammenfassung der Zehn Gebote?

Die Zusammenfassung der Zehn Gebote ist, dass wir den Herrn, unseren Gott, mit unserem ganzem Herzen, mit unserer ganzen Seele, mit unserer ganzen Kraft und mit unserem ganzen Verstand lieben sollen, und unseren Nächsten wie uns selbst.

45

Matthäus 22,37-40 | Er aber sprach zu ihm: „Du sollst den Herrn, deinen Gott, lieben mit deinem ganzen Herzen und mit deiner ganzen Seele und mit deinem ganzen Verstand." Dies ist das größte und erste Gebot. Das zweite aber ist ihm gleich: „Du sollst deinen Nächsten lieben wie dich selbst." An diesen zwei Geboten hängt das ganze Gesetz und die Propheten.

46. Wie lautet die Einleitung zu den Zehn Geboten?

46

Die Einleitung zu den Zehn Geboten findet sich in den Worten: „Ich bin der HERR, dein Gott, der ich dich aus dem Land Ägypten, aus dem Sklavenhaus, herausgeführt habe."

2Mose 20,2

47. Was lehrt uns die Einleitung zu den Zehn Geboten?

47

Die Einleitung zu den Zehn Geboten lehrt uns, dass wir verpflichtet sind, alle Gebote Gottes zu halten, weil Gott der HERR und unser Gott und Erlöser ist.

Psalm 100,2-3 | Dient dem HERRN mit Freuden! Kommt vor sein Angesicht mit Jubel! Erkennt, dass der HERR Gott ist! Er hat uns gemacht und nicht wir selbst — sein Volk und die Herde seiner Weide.

Jeremia 10,7 | Wer sollte dich nicht fürchten, König der Nationen? Denn das gebührt dir! Denn unter allen Weisen der Nationen und in all ihren Königreichen ist niemand dir gleich.

5Mose 11,1 | So sollst du nun den HERRN, deinen Gott, lieben und sollst alle Tage seine Vorschriften halten und seine Ordnungen, seine Rechtsbestimmungen und seine Gebote.

Lukas 1,74-75 | Dass wir, gerettet aus der Hand unserer Feinde, ohne Furcht ihm dienen sollen in Heiligkeit und Gerechtigkeit vor ihm alle unsere Tage.

Das Prinzip der Gebote

► **C. Die Erklärung der Zehn Gebote**

48. Wie lautet das erste Gebot?

Das erste Gebot lautet: „Du sollst keine andern Götter haben neben mir."

48

2Mose 20,3

49. Was wird im ersten Gebot gefordert?

Das erste Gebot fordert von uns, dass wir Gott als den allein wahren Gott und als unseren Gott erkennen und anerkennen,[1] und dass wir ihn dementsprechend anbeten und verherrlichen.[2]

49

1. *1Chronik 28,9* | Und du, mein Sohn Salomo, erkenne den Gott deines Vaters und diene ihm mit ungeteiltem Herzen und mit williger Seele! Denn der HERR erforscht alle Herzen, und alles Streben der Gedanken kennt er. Wenn du ihn suchst, wird er sich von dir finden lassen; wenn du ihn aber verlässt, wird er dich verwerfen für ewig.

5Mose 26,17 | Du hast heute den HERRN sagen lassen, dass er dein Gott sein will und dass du auf seinen Wegen gehen und seine Ordnungen und seine Gebote und seine Rechtsbestimmungen bewahren und seiner Stimme gehorchen willst.

2. *Matthäus 4,10* | Da spricht Jesus zu ihm: Geh hinweg, Satan! Denn es steht geschrieben: „Du sollst den HERRN, deinen Gott, anbeten und ihm allein dienen."

Psalm 29,2 | Gebt dem HERRN die Herrlichkeit seines Namens; betet an den HERRN in heiliger Pracht!

50. Was wird im ersten Gebot verboten?

Das erste Gebot verbietet, dass wir den wahren Gott als Gott und unseren Gott¹ verleugnen² oder nicht anbeten und verherrlichen³ und irgend einem andern die Anbetung und Ehre erweisen, die Gott allein gebührt.⁴

1. *Psalm 81,11-12* | Ich bin der HERR, dein Gott, der dich aus dem Land Ägypten herausgeführt hat. Tue deinen Mund weit auf, und ich will ihn füllen. Aber mein Volk hat nicht auf meine Stimme gehört, und Israel ist mir nicht willig gewesen.

2. *Psalm 14,1* | Der Tor spricht in seinem Herzen: „Es ist kein Gott!" Sie haben Verderben angerichtet, sie tun abscheuliche Taten; da ist keiner, der Gutes tut.

3. *Römer 1,20-21* | Denn sein unsichtbares Wesen, sowohl seine ewige Kraft als auch seine Göttlichkeit, wird seit Erschaffung der Welt in dem Gemachten wahrgenommen und geschaut, damit sie ohne Entschuldigung seien; weil sie Gott kannten, ihn aber weder als Gott verherrlichten noch ihm Dank darbrachten, sondern in ihren Überlegungen in Torheit verfielen und ihr unverständiges Herz verfinstert wurde.

4. *Römer 1,25-26* | Sie, welche die Wahrheit Gottes in die Lüge verwandelt und dem Geschöpf Verehrung und Dienst dargebracht haben statt dem Schöpfer, der gepriesen ist in Ewigkeit. Amen. Deswegen hat Gott sie dahingegeben in schändliche Leidenschaften. Denn ihre Frauen haben den natürlichen Verkehr in den unnatürlichen verwandelt.

51. Was lehren uns insbesondere die Worte „neben mir" im ersten Gebot?

Die Worte „neben mir" im ersten Gebot lehren uns, dass Gott – der alle Dinge sieht – die Sünde, irgend einen anderen Gott zu haben, wahrnimmt und scharf missbilligt.

Psalm 44,21-22 | Hätten wir den Namen unseres Gottes vergessen und unsere Hände zu einem fremden Gott ausgestreckt, würde Gott das nicht erforschen? Denn er erkennt die Geheimnisse des Herzens.

3. Die Summe der christlichen Pflicht

52. Wie lautet das zweite Gebot?

Das zweite Gebot lautet: „Du sollst dir kein Götterbild machen, auch keinerlei Abbild dessen, was oben im Himmel oder was unten auf der Erde oder was im Wasser unter der Erde ist. Du sollst dich vor ihnen nicht niederwerfen und ihnen nicht dienen. Denn ich, der HERR, dein Gott, bin ein eifersüchtiger Gott, der die Schuld der Väter heimsucht an den Kindern, an der dritten und vierten Generation von denen, die mich hassen, der aber Gnade erweist an Tausenden von Generationen von denen, die mich lieben und meine Gebote halten."

52

2Mose 20,4-6

53. Was wird im zweiten Gebot gefordert?

Das zweite Gebot fordert, dass wir jede religiöse Verehrung und Anordnung, die Gott in seinem Wort festgelegt hat,[1] annehmen, befolgen[2] und rein und unverkürzt bewahren.

53

1. *5Mose 12,13-14* | Hüte dich, dass du ja nicht deine Brandopfer an jeder Stätte opferst, die du siehst! Sondern an der Stätte, die der HERR in einem deiner Stämme erwählen wird, dort sollst du deine Brandopfer opfern, und dort sollst du alles tun, was ich dir gebiete.

   5Mose 13,1 | Das ganze Wort, das ich euch gebiete, das sollt ihr bewahren, um es zu tun. Du sollst zu ihm nichts hinzufügen und nichts von ihm wegnehmen.

   Markus 7,6-8 | Treffend hat Jesaja über euch Heuchler geweissagt, wie geschrieben steht: „Dieses Volk ehrt mich mit den Lippen, aber ihr Herz ist weit entfernt von mir. Vergeblich aber verehren sie mich, indem sie als Lehren Menschengebote lehren." Ihr gebt das Gebot Gottes preis und haltet die Überlieferung der Menschen fest.

2. *Johannes 4,24* | Gott ist Geist, und die ihn anbeten, müssen in Geist und Wahrheit anbeten.

   5Mose 32,46 | Richtet euer Herz auf all die Worte, die ich euch heute bezeuge, damit ihr sie euren Kindern gebietet, dass sie darauf achten, alle Worte dieses Gesetzes zu tun!

   Matthäus 28,20 | Und lehrt sie alles zu bewahren, was ich euch geboten habe! Und siehe, ich bin bei euch alle Tage bis zur Vollendung des Zeitalters.

   Apostelgeschichte 2,42 | Sie verharrten aber in der Lehre der Apostel und in der Gemeinschaft, im Brechen des Brotes und in den Gebeten.

54. Was wird im zweiten Gebot verboten?

54

Das zweite Gebot verbietet, Gott durch Bilder[1] oder auf irgend eine andere Weise zu verehren, als sie in seinem Wort festgelegt ist.[2]

1. *5Mose 4,15-19* | So hütet eure Seelen sehr — denn ihr habt keinerlei Gestalt gesehen an dem Tag, als der HERR am Horeb mitten aus dem Feuer zu euch redete —, dass ihr nicht zu eurem Verderben handelt und euch ein Götterbild macht in Gestalt irgendeines Götzenbildes, das Abbild eines männlichen oder eines weiblichen Wesens, das Abbild irgendeines Tieres, das es auf der Erde gibt, das Abbild irgendeines geflügelten Vogels, der am Himmel fliegt, das Abbild von irgendetwas, das auf dem Erdboden kriecht, das Abbild irgendeines Fisches, der im Wasser unter der Erde ist, und dass du deine Augen nicht zum Himmel erhebst und, wenn du die Sonne und den Mond und die Sterne, das ganze Heer des Himmels siehst, dich verleiten lässt und dich vor ihnen niederwirfst und ihnen dienst, die doch der HERR, dein Gott, allen Völkern unter dem ganzen Himmel zugeteilt hat!

2. *3Mose 10,1-2* | Und die Söhne Aarons, Nadab und Abihu, nahmen jeder sein Feuerbecken und taten Feuer hinein und legten Räucherwerk darauf und brachten fremdes Feuer vor dem HERRN dar, das er ihnen nicht geboten hatte. Da ging Feuer vom HERRN aus und verzehrte sie. Und sie starben vor dem HERRN.

5Mose 12,30-13,1 | So hüte dich, dass du dich ja nicht verführen lässt, es ihnen nachzutun, nachdem sie vor dir vernichtet sind, und dass du nicht nach ihren Göttern fragst, indem du sagst: Wie dienten diese Nationen ihren Göttern? Auch ich will es so tun! Dem HERRN, deinem Gott, sollst du so etwas nicht antun. Denn alles, was dem HERRN ein Gräuel ist, was er hasst, haben sie für ihre Götter getan; denn sogar ihre Söhne und ihre Töchter haben sie für ihre Götter im Feuer verbrannt. Das ganze Wort, das ich euch gebiete, das sollt ihr bewahren, um es zu tun. Du sollst zu ihm nichts hinzufügen und nichts von ihm wegnehmen.

55. Welche Gründe werden beim zweiten Gebot angeführt?

Die Gründe, die beim zweiten Gebot angeführt werden, sind Gottes Herrschaft über uns, sein Eigentumsrecht an uns[1] und der Eifer, mit dem er über die ihm dargebrachte Anbetung wacht.[2]

55

1. *Psalm 95,2-3.6* | Lasst uns vor sein Angesicht treten mit Dank! Lasst uns mit Psalmen ihm zujauchzen! Denn ein großer Gott ist der HERR, ein großer König über alle Götter. ... Kommt, lasst uns anbeten und uns neigen, lasst uns niederknien vor dem HERRN, der uns gemacht hat!

   Psalm 100,2-3 | Dient dem HERRN mit Freuden! Kommt vor sein Angesicht mit Jubel! Erkennt, dass der HERR Gott ist! Er hat uns gemacht und nicht wir selbst — sein Volk und die Herde seiner Weide.

2. *2Mose 34,13-14* | Vielmehr sollt ihr ihre Altäre niederreißen, ihre Gedenksteine zertrümmern und ihre Ascherim ausrotten. Denn du darfst dich vor keinem andern Gott anbetend niederwerfen; denn der HERR, dessen Name „Eifersüchtig" ist, ist ein eifersüchtiger Gott.

   Psalm 106,19.21.23 | Sie machten ein Kalb am Horeb und beugten sich vor einem gegossenen Bild. ... Sie vergaßen Gott, der sie rettete, der große Dinge getan in Ägypten. ... Da gedachte er, sie auszurotten, wäre nicht Mose gewesen, sein Erwählter. Der trat in die Bresche vor ihn, um seinen Grimm vom Verderben abzuwenden.

56. Wie lautet das dritte Gebot?

Das dritte Gebot lautet: „Du sollst den Namen des HERRN, deines Gottes, nicht zu Nichtigem aussprechen, denn der HERR wird den nicht ungestraft lassen, der seinen Namen zu Nichtigem ausspricht."

56

2Mose 20,7

57. Was wird im dritten Gebot gefordert?

57

Das dritte Gebot fordert den heiligen und ehrfurchtsvollen Gebrauch von Gottes Namen, Titeln,[1] Eigenschaften,[2] Anordnungen,[3] Wort[4] und Werken.[5]

1. *Matthäus 6,9* | Betet ihr nun so: Unser Vater, der du bist in den Himmeln, geheiligt werde dein Name.

   Psalm 29,2 | Gebt dem HERRN die Herrlichkeit seines Namens; betet an den HERRN in heiliger Pracht!

2. *Offenbarung 15,3-4* | Und sie singen das Lied Moses, des Knechtes Gottes, und das Lied des Lammes und sagen: Groß und wunderbar sind deine Werke, HERR, Gott, Allmächtiger! Gerecht und wahrhaftig sind deine Wege, König der Nationen! Wer sollte nicht fürchten, HERR, und verherrlichen deinen Namen? Denn du allein bist heilig; denn alle Nationen werden kommen und vor dir anbetend, weil deine gerechten Taten offenbar geworden sind.

3. *Maleachi 1,11.14* | Denn vom Aufgang der Sonne bis zu ihrem Untergang ist mein Name groß unter den Nationen. Und an allerlei Orten lässt man Opferrauch aufsteigen und bringt meinem Namen Gaben dar, und zwar reine Opfergaben. Denn mein Name ist groß unter den Nationen, spricht der HERR der Heerscharen. ... Aber verflucht sei, wer betrügt: Da gibt es in seiner Herde ein männliches Tier, und

er gelobt es, schlachtet aber dann für den HERRN ein verdorbenes! — Denn ein großer König bin ich, spricht der HERR der Heerscharen, und mein Name ist gefürchtet unter den Nationen.

Prediger 4,17 | Bewahre deinen Fuß, wenn du zum Haus Gottes gehst! Und: Herantreten, um zu hören, ist besser, als wenn die Toren Schlachtopfer geben; denn sie sind Unwissende, so dass sie Böses tun.

4. *Psalm 138,1-2* | Preisen will ich dich mit meinem ganzen Herzen, ich will dir spielen vor den Göttern. Ich falle nieder vor deinem heiligen Tempel, und deinen Namen preise ich wegen deiner Gnade und Treue. Denn du hast dein Wort groß gemacht über deinen ganzen Namen.

5. *Psalm 105,1-5* | Preist den HERRN, ruft an seinen Namen, macht unter den Völkern kund seine Taten! Singt ihm, spielt ihm, redet von allen seinen Wundern! Rühmt euch seines heiligen Namens! Es freue sich das Herz derer, die den HERRN suchen! Fragt nach dem HERRN und seiner Stärke, sucht sein Angesicht beständig! Gedenkt seiner Wunder, die er getan hat, seiner Zeichen und der Urteile seines Mundes!

3. Die Summe der christlichen Pflicht

58. Was wird im dritten Gebot verboten?

Das dritte Gebot verbietet jede Entwürdigung und jeden Missbrauch von etwas, wodurch Gott sich selbst zu erkennen gibt.

Maleachi 1,6-7.12 | Ein Sohn ehrt den Vater und ein Knecht seinen Herrn. Wenn ich nun Vater bin, wo ist meine Ehre? Und wenn ich Herr bin, wo ist meine Furcht?, spricht der HERR der Heerscharen zu euch, ihr Priester, die ihr meinen Namen verachtet. Doch ihr sagt: „Womit haben wir deinen Namen verachtet?" Ihr, die ihr unreine Speise auf meinem Altar darbringt. Doch ihr sagt: „Womit haben wir dich unrein gemacht?" Indem ihr sagt: Der Tisch des HERRN, den kann man verachten. ... Ihr aber seid es, die ihn entweihen, indem ihr sagt: Der Tisch des HERRN, der kann unrein gemacht werden, und die Gabe für ihn, seine Speise, kann verächtlich behandelt werden.

Maleachi 2,2 | Wenn ihr nicht hört und wenn ihr es euch nicht zu Herzen nehmt, meinem Namen Ehre zu geben, spricht der HERR der Heerscharen, dann sende ich den Fluch unter euch und verfluche eure Segensgaben; ja, ich habe sie schon verflucht, weil ihr es nicht zu Herzen nehmt.

Maleachi 3,14 | Ihr sagt: Nichts bringt es, Gott zu dienen. Und was ist der Gewinn, dass wir für seinen Dienst sorgen und dass wir in Trauer einhergehen vor dem HERRN der Heerscharen?

59. Welcher Grund wird beim dritten Gebot angeführt?

59

Der Grund, der beim dritten Gebot angeführt wird, ist, dass, auch wenn die Übertreter dieses Gebots der Bestrafung durch Menschen entgehen mögen, der Herr unser Gott es ihnen dennoch nicht zugestehen wird, dass sie seinem gerechten Gericht entrinnen.

1Samuel 2,12.17.22.29 | Und die Söhne Elis waren ruchlose Männer, sie hatten den HERRN nicht erkannt. ... Und die Sünde der jungen Männer war sehr groß vor dem HERRN; denn die Männer verachteten die Opfergabe des HERRN. ... Und Eli war sehr alt geworden. Und er hörte alles, was seine Söhne ganz Israel antaten und dass sie bei den Frauen lagen, die am Eingang des Zeltes der Begegnung Dienst taten. ... Warum tretet ihr mit Füßen mein Schlachtopfer und mein Speisopfer, die ich für meine Wohnung geboten habe? Und du ehrst deine Söhne mehr als mich, dass ihr euch mästet von den Erstlingen aller Opfergaben meines Volkes Israel.

1Samuel 3,13 | Denn ich habe ihm mitgeteilt, dass ich sein Haus für ewig richten will um der Schuld willen, denn er hat erkannt, dass seine Söhne sich den Fluch zuzogen, aber er hat ihnen nicht gewehrt.

5Mose 28,58-59 | Wenn du nicht darauf achtest, alle Worte dieses Gesetzes zu tun, die in diesem Buch geschrieben sind, dass du diesen herrlichen und furchtbaren Namen, den HERRN, deinen Gott, fürchtest, dann wird der HERR deine Plagen und die Plagen deiner Nachkommen außergewöhnlich machen: große und andauernde Plagen und böse und andauernde Krankheiten.

Maleachi 2,2 | Wenn ihr nicht hört und wenn ihr es euch nicht zu Herzen nehmt, meinem Namen Ehre zu geben, spricht der HERR der Heerscharen, dann sende ich den Fluch unter euch und verfluche eure Segensgaben; ja, ich habe sie schon verflucht, weil ihr es nicht zu Herzen nehmt.

Die Erstklärung der Gebote

60. Wie lautet das vierte Gebot?

Das vierte Gebot lautet: „Denke an den Sabbattag, um ihn heilig zu halten. Sechs Tage sollst du arbeiten und all deine Arbeit tun, aber der siebte Tag ist Sabbat für den HERRN, deinen Gott. Du sollst an ihm keinerlei Arbeit tun, du und dein Sohn und deine Tochter, dein Knecht und deine Magd und dein Vieh und der Fremde bei dir, der innerhalb deiner Tore wohnt. Denn in sechs Tagen hat der HERR den Himmel und die Erde gemacht, das Meer und alles, was in ihnen ist, und er ruhte am siebten Tag; darum segnete der HERR den Sabbattag und heiligte ihn."

60

2Mose 20,8-11

61. Was wird im vierten Gebot gefordert?

Das vierte Gebot fordert, dass solche bestimmten Zeiten, wie Gott sie in seinem Wort festgelegt hat, ihm heilig gehalten werden. Insbesondere soll ein ganzer Tag unter sieben ein heiliger Sabbat für ihn sein.

61

3Mose 19,30 | Meine Sabbate sollt ihr halten, und mein Heiligtum sollt ihr fürchten. Ich bin der HERR.

5Mose 5,12-14 | Beachte den Sabbattag, um ihn heilig zu halten, so wie der HERR, dein Gott, es dir geboten hat! Sechs Tage sollst du arbeiten und all deine Arbeit tun; aber der siebte Tag ist Sabbat für den HERRN, deinen Gott. Du sollst an ihm keinerlei Arbeit tun, du und dein Sohn und deine Tochter und dein Sklave und deine Sklavin und dein Rind und dein Esel und all dein Vieh und der Fremde bei dir, der innerhalb deiner Tore wohnt, damit dein Sklave und deine Sklavin ruhen wie du.

62. Welchen der sieben Tage hat Gott zum wöchentlichen Sabbat bestimmt?

62

Vom Anfang der Welt bis zur Auferstehung Christi bestimmte Gott den siebten Tag der Woche als wöchentlichen Sabbat;[1] und seither bis zum Ende der Welt den ersten Tag der Woche, das ist der christliche Sabbat.[2]

1. *1Mose 2,2-3* | Und Gott vollendete am siebten Tag sein Werk, das er gemacht hatte; und er ruhte am siebten Tag von all seinem Werk, das er gemacht hatte. Und Gott segnete den siebten Tag und heiligte ihn; denn an ihm ruhte er von all seinem Werk, das Gott geschaffen hatte, indem er es machte.

2. *1Korinther 16,1-2* | Was aber die Sammlung für die Heiligen betrifft, macht auch ihr es so, wie ich es für die Gemeinden von Galatien angeordnet habe! An jedem ersten Wochentag lege ein jeder von euch bei sich zurück und sammle an, je nachdem er Gedeihen hat, damit nicht erst dann, wenn ich komme, Sammlungen geschehen.

Apostelgeschichte 20,7 | Am ersten Tag der Woche aber, als wir versammelt waren, um Brot zu brechen, unterredete sich Paulus mit ihnen, da er am folgenden Tag abreisen wollte; und er zog das Wort hinaus bis Mitternacht.

Offenbarung 1,10 | Ich war an des Herrn Tag im Geist, und ich hörte hinter mir eine laute Stimme wie von einer Posaune.

63. Wie soll der Sabbat geheiligt werden?

63

Der Sabbat soll geheiligt werden, indem man den ganzen Tag heilig ruht,[1] auch von solchen weltlichen Beschäftigungen und Vergnügungen, die an anderen Tagen erlaubt sind;[2] und dadurch, dass die ganze Zeit für öffentliche und private gottesdienstliche Übungen verwendet wird,[3] ausgenommen soviel, wie die Werke der Notwendigkeit und Barmherzigkeit benötigen.[4]

1. *3Mose 23,3* | Sechs Tage soll man Arbeit tun; aber am siebten Tag ist ein ganz feierlicher Sabbat, eine heilige Versammlung. Keinerlei Arbeit dürft ihr tun; es ist ein Sabbat für den HERRN in all euren Wohnsitzen.

3. Die Summe der christlichen Pflicht

2Mose 20,8.10 | Denke an den Sabbattag, um ihn heilig zu halten. … Aber der siebte Tag ist Sabbat für den HERRN, deinen Gott. Du sollst an ihm keinerlei Arbeit tun, du und dein Sohn und deine Tochter, dein Knecht und deine Magd und dein Vieh und der Fremde bei dir, der innerhalb deiner Tore wohnt.

2Mose 16,25-28 | Mose sagte: Esst es heute, denn heute ist ein Sabbat für den HERRN! Heute werdet ihr auf dem Feld nichts finden. Sechs Tage sollt ihr es sammeln, aber am siebten Tag ist Sabbat, da gibt es nichts. Aber am siebten Tag geschah es, dass dennoch einige vom Volk hinausgingen, um zu sammeln, doch sie fanden nichts. Da sprach der HERR zu Mose: Wie lange habt ihr euch nun schon geweigert, meine Gebote und Gesetze zu halten!

2. *Nehemia 13,15-22* | In jenen Tagen sah ich einige in Juda, die am Sabbat die Keltern traten und Getreidehaufen einbrachten und auf Esel luden und auch Wein, Trauben und Feigen und allerlei Last und es am Sabbattag nach Jerusalem hereinbrachten. Und ich warnte sie an dem selben Tag, an dem sie die Lebensmittel verkauften. Auch Tyrer wohnten darin; sie brachten Fisch und allerlei Ware herein und verkauften sie am Sabbat den Söhnen Juda, und zwar in Jerusalem. Da zog ich die Edlen von Juda zur Rechenschaft und sagte zu ihnen: Was ist das für eine schlimme Sache, die ihr da tut, dass ihr den Sabbattag entheiligt? Haben eure Väter nicht ebenso gehandelt, so dass unser Gott all dies Unheil über uns und über diese Stadt brachte? Und ihr steigert die Zornglut über Israel, indem ihr den Sabbat entheiligt! Und es geschah, sobald die Tore Jerusalems vor dem Sabbat dunkel wurden, befahl ich, dass die Torflügel geschlossen würden. Und ich befahl weiter, dass man sie bis nach dem Sabbat nicht öffnen sol-

le. Und einige von meinen Dienern stellte ich an die Toren auf, damit keine Last am Sabbattag hereinkäme. Da übernachteten die Händler und die Verkäufer von allerlei Ware draußen vor Jerusalem, einmal und zweimal. Und ich warnte sie und sagte zu ihnen: Warum übernachtet ihr gegenüber der Mauer? Wenn ihr das noch einmal tut, werde ich Hand an euch legen! Von dieser Zeit an kamen sie nicht mehr am Sabbat. Und ich befahl den Leviten, dass sie sich reinigen und als Wächter an die Tore kommen sollten, damit man den Sabbattag heilig halten könne. Auch das gedenke mir, mein Gott, und blicke mitleidig auf mich nach der Größe deiner Güte!

3. *Lukas 4,16* | Und er kam nach Nazareth, wo er erzogen worden war; und er ging nach seiner Gewohnheit am Sabbattag in die Synagoge und stand auf, um vorzulesen.

Apostelgeschichte 20,7 | Am ersten Tag der Woche aber, als wir versammelt waren, um Brot zu brechen, unterredete sich Paulus mit ihnen, da er am folgenden Tag abreisen wollte; und er zog das Wort hinaus bis Mitternacht.

Psalm 92,1-3 | Ein Psalm. Ein Lied. Für den Tag des Sabbats. Es ist gut, den HERRN zu preisen und deinen Namen, du Höchster, zu besingen; am Morgen zu verkünden deine Gnade und deine Treue in den Nächten.

Jesaja 66,23 | Und es wird geschehen: Neumond für Neumond und Sabbat für Sabbat wird alles Fleisch kommen, um vor mir anzubeten, spricht der HERR.

4. *Matthäus 12,11-12* | Er aber sprach zu ihnen: Welcher Mensch wird unter euch sein, der ein Schaf hat und, wenn dieses am Sabbat in eine Grube fällt, es nicht ergreift und herauszieht? Wie viel wertvoller ist nun ein Mensch als ein Schaf! Also ist es erlaubt, am Sabbat Gutes zu tun.

64. Was wird im vierten Gebot verboten?

Das vierte Gebot verbietet die Unterlassung oder nachlässige Erfüllung der von ihm geforderten Pflichten[1] sowie die Entweihung des Tages durch Müßiggang oder durch das Tun dessen, was an sich sündhaft ist,[2] oder durch Gedanken, Worte oder Werke bezüglich unserer weltlichen Beschäftigungen oder Vergnügungen, die nicht nötig sind.[3]

1. *Hesekiel 22,26* | Seine Priester tun meinem Gesetz Gewalt an und entweihen meine heiligen Dinge; zwischen heilig und nicht heilig unterscheiden sie nicht, und den Unterschied zwischen unrein und rein lassen sie nicht erkennen; und vor meinen Sabbaten verhüllen sie ihre Augen. So werde ich in ihrer Mitte entweiht.

Amos 8,5 | Und sagt: Wann ist der Neumond vorüber, dass wir Getreide verkaufen, und der Sabbat, dass wir Korn anbieten; um das Efa zu verkleinern und den Schekel zu vergrößern und die Waage zum Betrug zu fälschen.

Maleachi 1,13 | Und ihr sagt: Siehe, welche Mühsal! Und ihr missachtet ihn, spricht der HERR der Heerscharen, und bringt Geraubtes herbei und das Lahme und Kranke; so bringt ihr die Opfergabe. Soll ich Gefallen haben an dem, was von eurer Hand kommt?, spricht der HERR.

2. *Hesekiel 23,38* | Und dies haben sie mir noch dazu angetan: Sie haben am selben Tag mein Heiligtum unrein gemacht und meine Sabbate entweiht.

3. *Jeremia 17,24-26* | Und es wird geschehen, wenn ihr wirklich auf mich hört, spricht der HERR, so dass ihr am Tag des Sabbats keine Last durch die Tore dieser Stadt hereinbringt und ihr den Tag des Sabbats heiligt, indem ihr keinerlei Arbeit an ihm tut, dann werden durch die Tore dieser Stadt Könige und Oberste einziehen, die auf dem Thron Davids sitzen, mit Wagen und Pferden fahren, sie und ihre Obersten, die Männer von Juda und die Bewohner von Jerusalem; und diese Stadt wird ewig bewohnt werden. Dann werden Leute kommen aus den Städten Judas und aus der Umgebung von Jerusalem, aus dem Land Benjamin, aus der Niederung, vom Gebirge und aus dem Süden, die Brandopfer, Schlachtopfer, Speisopfer und Weihrauch bringen und die Lobopfer bringen in das Haus des HERRN.

Jesaja 58,13 | Wenn du deinen Fuß vom Sabbat zurückhältst, deine Geschäfte an meinem heiligen Tag zu treiben, und nennst den Sabbat eine Wonne und den heiligen Tag des HERRN ehrwürdig, und wenn du ihn ehrst, so dass du nicht deine Gänge machst, deinem Geschäft nachgehst und eitle Worte redest.

3. Die Summe der christlichen Pflicht

65. Welche Gründe werden beim vierten Gebot angeführt?

Die Gründe, die beim vierten Gebot angeführt werden, sind, dass Gott uns sechs Tage der Woche für unsere eigenen Beschäftigungen zugestanden hat[1] und er ein besonderes Anrecht auf den siebten beansprucht,[2] sowie sein eigenes Vorbild[3] und seine Segnung des Sabbattages.[4]

65

1. *2Mose 20,9* | Sechs Tage sollst du arbeiten und all deine Arbeit tun.

   2Mose 31,15-16 | Sechs Tage soll man seine Arbeit verrichten, aber am siebten Tag ist Sabbat, ein Tag völliger Ruhe, heilig dem HERRN. Jeder, der am Tag des Sabbats eine Arbeit verrichtet, muss getötet werden. So sollen denn die Söhne Israel den Sabbat halten, um den Sabbat in all ihren Generationen zu feiern, als ewigen Bund.

2. *2Mose 20,10* | Aber der siebte Tag ist Sabbat für den HERRN, deinen Gott.

   3Mose 23,3 | Sechs Tage soll man Arbeit tun; aber am siebten Tag ist ein ganz feierlicher Sabbat, eine heilige Versammlung. Keinerlei Arbeit dürft ihr tun; es ist ein Sabbat für den HERRN in all euren Wohnsitzen.

3. *2Mose 31,17* | Er ist ein Zeichen zwischen mir und den Söhnen Israel für ewig. Denn in sechs Tagen hat der HERR den Himmel und die Erde gemacht, am siebten Tag aber hat er geruht und Atem geschöpft.

4. *1Mose 2,3* | Und Gott segnete den siebten Tag und heiligte ihn; denn an ihm ruhte er von all seinem Werk, das Gott geschaffen hatte, indem er es machte.

   2Mose 20,11 | Denn in sechs Tagen hat der HERR den Himmel und die Erde gemacht, das Meer und alles, was in ihnen ist, und er ruhte am siebten Tag; darum segnete der HERR den Sabbattag und heiligte ihn.

66. Wie lautet das fünfte Gebot?

Das fünfte Gebot lautet: „Ehre deinen Vater und deine Mutter, damit deine Tage lange währen in dem Land, das der HERR, dein Gott, dir gibt."

66

2Mose 20,12

67. Was wird im fünften Gebot gefordert?

Das fünfte Gebot fordert, jedem die Ehre zu erweisen und die Pflichten zu erfüllen, die ihm in seiner jeweiligen Stellung und Beziehung als Vorgesetztem, Untergebenem oder Gleichgestelltem gebühren.

Römer 12,10 | In der Bruderliebe seid herzlich zueinander, in Ehrerbietung einer dem anderen vorangehend.

Römer 13,1 | Jede Seele unterwerfe sich den übergeordneten staatlichen Mächten! Denn es ist keine staatliche Macht außer von Gott, und die bestehenden sind von Gott verordnet.

Epheser 5,21-23 | Ordnet euch einander unter in der Furcht Christi, die Frauen den eigenen Männern als dem Herrn! Denn der Mann ist das Haupt der Frau, wie auch der Christus das Haupt der Gemeinde ist, er als der Retter des Leibes.

Epheser 6,1-2.5 | Ihr Kinder, gehorcht euren Eltern im Herrn! Denn das ist recht. „Ehre deinen Vater und deine Mutter" — das ist das erste Gebot mit Verheißung. ... Ihr Sklaven, gehorcht euren irdischen Herren mit Furcht und Zittern, in Einfalt eures Herzens, als dem Christus.

Epheser 6,9 | Und ihr Herren, tut dasselbe ihnen gegenüber, und lasst das Drohen!, da ihr wisst, dass sowohl ihr als auch euer Herr in den Himmeln ist und dass es bei ihm kein Ansehen der Person gibt.

1Petrus 2,13-14.17 | Ordnet euch aller menschlichen Einrichtung unter um des Herrn willen; sei es dem König als Oberherrn oder den Statthaltern als denen, die von ihm gesandt werden zur Bestrafung der Übeltäter, aber zum Lob derer, die Gutes tun! ... Erweist allen Ehre; liebt die Bruderschaft; fürchtet Gott; ehrt den König!

68. Was wird im fünften Gebot verboten?

Das fünfte Gebot verbietet es, die Ehre und Pflichterfüllung, die jedem in seiner jeweiligen Stellung und Beziehung gebühren, gering zu schätzen oder etwas dagegen zu unternehmen.

Römer 13,7-8 | Gebt allen, was ihr ihnen schuldig seid: die Steuer, dem die Steuer; den Zoll, dem der Zoll; die Furcht, dem die Furcht; die Ehre, dem die Ehre gebührt! Seid niemand irgendetwas schuldig, als nur einander zu lieben! Denn wer den anderen liebt, hat das Gesetz erfüllt.

Matthäus 15,4-6 | Denn Gott hat gesagt: „Ehre den Vater und die Mutter!", und: „Wer Vater oder Mutter flucht, soll des Todes sterben." Ihr aber sagt: Wer zum Vater oder zur Mutter spricht: Eine Opfergabe sei das, was du von mir an Nutzen haben würdest, der braucht seinen Vater oder seine Mutter nicht zu ehren; und ihr habt so das Wort Gottes ungültig gemacht um eurer Überlieferung willen.

Hesekiel 34,2-4 | Menschensohn, weissage über die Hirten Israels, weissage und sprich zu ihnen, den Hirten: So spricht der Herr, HERR: Wehe den Hirten Israels, die sich selbst weiden! Sollen die Hirten nicht die Herde weiden? Die Milch genießt ihr, und mit der Wolle kleidet ihr euch, das fette Vieh schlachtet ihr — die Herde weidet ihr nicht. Die Schwachen habt ihr nicht gestärkt und das Kranke nicht geheilt und das Gebrochene nicht verbunden und das Versprengte nicht zurückgebracht und das Verlorene nicht gesucht, sondern mit Härte habt ihr über sie geherrscht und mit Gewalt.

69. Welcher Grund wird beim fünften Gebot angeführt?

Der Grund, der beim fünften Gebot angeführt wird, ist eine Verheißung von langem Leben und Wohlergehen an alle, die dieses Gebot befolgen (sofern es zu Gottes Ehre und ihnen selbst zum Besten dient).

69

5Mose 5,16 | Ehre deinen Vater und deine Mutter, wie der HERR, dein Gott, es dir geboten hat, damit deine Tage lange währen und damit es dir gut geht in dem Land, das der HERR, dein Gott, dir gibt!

Epheser 6,2-3 | „Ehre deinen Vater und deine Mutter" — das ist das erste Gebot mit Verheißung —, „damit es dir wohlgehe und du lange lebst auf der Erde."

70. Wie lautet das sechste Gebot?

Das sechste Gebot lautet: „Du sollst nicht töten."

2Mose 20,13

71. Was wird im sechsten Gebot gefordert?

Das sechste Gebot fordert jede berechtigte Anstrengung, um unser eigenes Leben[1] und das Leben anderer zu bewahren.[2]

1. *Epheser 5,28-29* | So sind auch die Männer schuldig, ihre Frauen zu lieben wie ihre eigenen Leiber. Wer seine Frau liebt, liebt sich selbst. Denn niemand hat jemals sein eigenes Fleisch gehasst, sondern er nährt und pflegt es, wie auch der Christus die Gemeinde.

2. *Psalm 82,3-4* | Schafft Recht dem Geringen und der Waise, dem Elenden und dem Bedürftigen lasst Gerechtigkeit widerfahren! Rettet den Geringen und den Armen, entreißt ihn der Hand der Gottlosen!

Hiob 29,13 | Der Segenswunsch des Mutlosen kam auf mich, und das Herz der Witwe ließ ich jauchzen.

1Könige 18,4 | Es geschah nämlich, als Isebel die Propheten des HERRN ausrottete, da nahm Obadja hundert Propheten und versteckte sie, je fünfzig Mann in einer Höhle, und versorgte sie mit Brot und Wasser.

72. Was wird im sechsten Gebot verboten?

Das sechste Gebot verbietet, uns das eigene Leben[1] oder unberechtigterweise das Leben unseres Nächsten zu nehmen,[2] sowie alles, was daraufhin abzielt.[3]

72

1. *Apostelgeschichte 16,28* | Paulus aber rief mit lauter Stimme und sprach: Tu dir kein Leid an! Denn wir sind alle hier.

2. *1Mose 9,6* | Wer Menschenblut vergießt, dessen Blut soll durch Menschen vergossen werden; denn nach dem Bilde Gottes hat er den Menschen gemacht.

3. *3Mose 19,17* | Du sollst deinen Bruder in deinem Herzen nicht hassen. Du sollst deinen Nächsten ernstlich zurechtweisen, damit du nicht seinetwegen Schuld trägst.

Sprüche 24,11-12 | Rette die, die zum Tode geschleppt werden; und die zur Schlachtung hinwanken, halte sie doch zurück! Wenn du sagst: Siehe, wir wussten nichts davon! — ist es nicht so: der die Herzen prüft, er merkt es, und der auf deine Seele achthat, er weiß es? Er vergilt dem Menschen nach seinem Tun.

73. Wie lautet das siebte Gebot?

Das siebte Gebot lautet: „Du sollst nicht ehebrechen."

73

2Mose 20,14

74. Was wird im siebten Gebot gefordert?

74

Das siebte Gebot fordert, dass wir unsere eigene und unseres Nächsten Keuschheit im Herzen,[1] Reden[2] und Verhalten[3] bewahren.[4]

1. *2Timotheus 2,22* | Die jugendlichen Begierden aber fliehe, strebe aber nach Gerechtigkeit, Glauben, Liebe, Frieden mit denen, die den Herrn aus reinem Herzen anrufen!

2. *Epheser 5,3-4* | Unzucht aber und alle Unreinheit oder Habsucht sollen nicht einmal unter euch genannt werden, wie es Heiligen geziemt; auch Unanständigkeit und albernes Geschwätz und Witzelei, die sich nicht geziemen, stattdessen aber Danksagung.

3. *1Petrus 3,2* | Indem sie euren in Furcht reinen Wandel angeschaut haben!

4. *1Thessalonicher 4,3-5* | Denn dies ist Gottes Wille: eure Heiligung, dass ihr euch von der Unzucht fernhaltet, dass jeder von euch sich sein eigenes Gefäß in Heiligung und Ehrbarkeit zu gewinnen wisse, nicht in Leidenschaft der Begierde wie die Nationen, die Gott nicht kennen.

1Korinther 7,2-5 | Aber wegen der Unzucht habe jeder seine eigene Frau, und jede habe ihren eigenen Mann. Der Mann leiste der Frau die eheliche Pflicht, ebenso aber auch die Frau dem Mann. Die Frau verfügt nicht über ihren eigenen Leib, sondern der Mann; ebenso aber verfügt auch der Mann nicht über seinen eigenen Leib, sondern die Frau. Entzieht euch einander nicht, es sei denn nach Übereinkunft eine Zeit lang, damit ihr euch dem Gebet widmet und dann wieder zusammen seid, damit der Satan euch nicht versuche, weil ihr euch nicht enthalten könnt.

Epheser 5,11-12 | Und habt nichts gemein mit den unfruchtbaren Werken der Finsternis, sondern stellt sie vielmehr bloß! Denn was heimlich von ihnen geschieht, ist selbst zu sagen schändlich.

75. Was wird im siebten Gebot verboten?

Das siebte Gebot verbietet alle unkeuschen Gedanken,[1] Worte und Handlungen.[2]

75

1. *Matthäus 15,19* | Denn aus dem Herzen kommen hervor böse Gedanken: Mord, Ehebruch, Unzucht, Diebstahl, falsche Zeugnisse, Lästerungen.

   Matthäus 5,28 | Ich aber sage euch, dass jeder, der eine Frau ansieht, sie zu begehren, schon Ehebruch mit ihr begangen hat in seinem Herzen.

2. *Epheser 5,3-4* | Unzucht aber und alle Unreinheit oder Habsucht sollen nicht einmal unter euch genannt werden, wie es Heiligen geziemt; auch Unanständigkeit und albernes Geschwätz und Witzelei, die sich nicht geziemen, stattdessen aber Danksagung.

76. Wie lautet das achte Gebot?

Das achte Gebot lautet: „Du sollst nicht stehlen."

76

2Mose 20,15

77. Was wird im achten Gebot gefordert?

77

Das achte Gebot fordert den rechtmäßigen Erwerb und Erhalt von Vermögen und materiellem Besitz bei uns selbst und andern.

1Timotheus 5,8 | Wenn aber jemand für die Seinen und besonders für die Hausgenossen nicht sorgt, so hat er den Glauben verleugnet und ist schlechter als ein Ungläubiger.

Sprüche 27,23 | Kümmere dich sorgfältig um das Aussehen deiner Schafe, richte deine Aufmerksamkeit auf die Herden!

Apostelgeschichte 20,33-35 | Ich habe von niemandem Silber oder Gold oder Kleidung begehrt. Ihr selbst wisst, dass meinen Bedürfnissen und denen, die bei mir waren, diese Hände gedient haben. Ich habe euch in allem gezeigt, dass man so arbeitend sich der Schwachen annehmen und an die Worte des Herrn Jesus denken müsse, der selbst gesagt hat: Geben ist seliger als Nehmen.

Philipper 2,4 | Ein jeder sehe nicht auf das Seine, sondern ein jeder auch auf das der anderen!

3Mose 25,35 | Und wenn dein Bruder verarmt und seine Hand neben dir wankend wird, dann sollst du ihn unterstützen wie den Fremden und Beisassen, damit er neben dir leben kann.

5Mose 22,1-4 | Nicht darfst du zusehen, wie das Rind deines Bruders oder sein Schaf umherirrt und dich ihnen entziehen; du sollst sie deinem Bruder unbedingt zurückbringen. Wenn aber dein Bruder nicht nahe bei dir wohnt oder du ihn nicht kennst, dann sollst du es in dein Haus aufnehmen, und es soll bei dir sein, bis dein Bruder es sucht. Dann gib es ihm zurück! Und ebenso sollst du es mit seinem Esel machen, ebenso sollst du es mit seinem Gewand machen, und ebenso sollst du es mit allem Verlorenen deines Bruders machen, das ihm verloren geht und das du findest; du kannst dich nicht entziehen. Du darfst nicht zusehen, wie der Esel deines Bruders oder sein Rind auf dem Weg fallen, und dich ihnen entziehen; du sollst sie unbedingt mit ihm aufrichten.

2Mose 23,4-5 | Wenn du das Rind deines Feindes oder seinen Esel umherirrend antriffst, sollst du sie ihm auf jeden Fall zurückbringen. Wenn du den Esel deines Hassers unter seiner Last zusammengebrochen siehst, dann lass ihn nicht ohne Beistand; du sollst ihn mit ihm zusammen aufrichten.

Hiob 29,11-17 | Hörte mich ein Ohr, so pries es mich glücklich, und sah mich ein Auge, so legte es Zeugnis für mich ab. Denn ich befreite den Elenden, der um Hilfe rief, und die Waise, die keinen Helfer hatte. Der Segenswunsch des Mutlosen kam auf mich, und das Herz der Witwe ließ ich jauchzen. Ich kleidete mich in Gerechtigkeit, und sie bekleidete wie ein Oberkleid und Kopfbund mein Recht. Auge wurde ich dem Blinden, und Fuß dem Lahmen war ich! Ein Vater war ich für die Armen, und den Rechtsstreit dessen, den ich nicht kannte, untersuchte ich. Und ich zerschmetterte die Kinnladen des Übeltäters, und seinen Zähnen entriss ich die Beute.

Die Erklärung der Gebote

78. Was wird im achten Gebot verboten?

Das achte Gebot verbietet alles, was unserem eigenen oder unseres Nächsten Vermögen oder materiellem Besitz schadet oder schaden kann.

78

Sprüche 21,17 | Dem Mangel verfällt, wer Festfreude liebt; wer Wein und Öl liebt, wird nicht reich.

Sprüche 23,20-21 | Sei nicht unter Weinsäufern, noch unter denen, die Fleisch verprassen! Denn ein Säufer und Schlemmer verarmt, und Schläfrigkeit kleidet in Lumpen.

Sprüche 28,19 | Wer sein Ackerland bebaut, wird sich satt essen können an Brot; wer aber nichtigen Dingen nachjagt, wird sich an der Armut satt essen.

Epheser 4,28 | Wer gestohlen hat, stehle nicht mehr, sondern mühe sich vielmehr und wirke mit seinen Händen das Gute, damit er dem Bedürftigen etwas mitzugeben habe!

79. Wie lautet das neunte Gebot?

Das neunte Gebot lautet: „Du sollst gegen deinen Nächsten nicht als falscher Zeuge aussagen."

79

2Mose 20,16

80. Was wird im neunten Gebot gefordert?

80

Das neunte Gebot fordert, dass die Wahrhaftigkeit zwischen Menschen gewahrt und gefördert wird,[1] sowie unser eigener guter Ruf[2] und der unseres Nächsten,[3] insbesondere bei einer Zeugenaussage.[4]

1. *Sacharja 8,16* | Dies sind die Dinge, die ihr tun sollt: Redet nur die Wahrheit einer mit dem anderen! Fällt zuverlässigen und heilsamen Rechtsspruch in euren Toren!

2. *1Petrus 3,16* | Und habt ein gutes Gewissen, damit die, welche euren guten Wandel in Christus verleumden, darin zuschanden werden, worin euch Übles nachgeredet wird.

   Apostelgeschichte 25,10 | Paulus aber sprach: Ich stehe vor dem Richterstuhl des Kaisers, wo ich gerichtet werden muss; den Juden habe ich kein Unrecht getan, wie auch du sehr wohl weißt.

3. *3Johannes 12* | Dem Demetrius ist Zeugnis gegeben worden von allen und von der Wahrheit selbst; aber auch wir geben Zeugnis, und du weißt, dass unser Zeugnis wahr ist.

4. *Sprüche 14,5.25* | Ein treuer Zeuge lügt nicht, aber ein falscher Zeuge bringt Lügen vor. ... Ein wahrhaftiger Zeuge ist Lebensretter; wer aber Lügen vorbringt, ist lauter Betrug.

81. Was wird im neunten Gebot verboten?

81

Das neunte Gebot verbietet alles, was der Wahrheit schadet[1] oder unseren eigenen guten Ruf[2] oder den unseres Nächsten schädigt.[3]

1. *Römer 3,13* | „Ihr Schlund ist ein offenes Grab; mit ihren Zungen handelten sie trügerisch." „Vipern-gift ist unter ihren Lippen."

2. *Hiob 27,5* | Fern sei es von mir, euch recht zu geben. Bis ich verscheide, lasse ich meine Rechtschaffenheit nicht von mir weichen.

3. *3Mose 19,16* | Du sollst nicht als ein Verleumder unter deinen Volksgenossen umhergehen. Du sollst nicht gegen das Blut deines Nächsten auftreten. Ich bin der HERR.

   Psalm 15,3 | [Der] nicht verleumdet mit seiner Zunge, kein Übel tut seinem Gefährten und keine Schmähung bringt auf seinen Nächsten.

82. Wie lautet das zehnte Gebot?

Das zehnte Gebot lautet: „Du sollst nicht das Haus deines Nächsten begehren. Du sollst nicht begehren die Frau deines Nächsten, noch seinen Knecht, noch seine Magd, weder sein Rind noch seinen Esel, noch irgendetwas, was deinem Nächsten gehört."

82

2Mose 20,17

83. Was wird im zehnten Gebot gefordert?

Das zehnte Gebot fordert volle Zufriedenheit mit unserer eigenen Lage,[1] verbunden mit einer rechtschaffenen und wohlwollenden Einstellung gegenüber unserem Nächsten und allem, was ihm gehört.[2]

83

1. *Hebräer 13,5* | Der Wandel sei ohne Geldliebe; begnügt euch mit dem, was vorhanden ist! Denn er hat gesagt: „Ich will dich nicht aufgeben und dich nicht verlassen."

   1Timotheus 6,6 | Die Gottseligkeit mit Genügsamkeit aber ist ein großer Gewinn.

2. *Hiob 31,29-30* | Wenn ich mich freute über den Untergang meines Hassers und aufjauchzte, als Unglück ihn traf! Nie habe ich ja meinem Gaumen erlaubt zu sündigen, mit einem Fluch dessen Seele zu fordern.

   Römer 12,15 | Freut euch mit den sich Freuenden, weint mit den Weinenden!

1Timotheus 1,5 | Das Endziel der Weisung aber ist Liebe aus reinem Herzen und gutem Gewissen und ungeheucheltem Glauben.

1Korinther 13,4-7 | Die Liebe ist langmütig, die Liebe ist gütig, sie neidet nicht, die Liebe tut nicht groß, sie bläht sich nicht auf, sie benimmt sich nicht unanständig, sie sucht nicht das Ihre, sie lässt sich nicht erbittern, sie rechnet Böses nicht zu, sie freut sich nicht über die Ungerechtigkeit; sondern sie freut sich mit der Wahrheit, sie erträgt alles, sie glaubt alles, sie hofft alles, sie erduldet alles.

84. Was wird im zehnten Gebot verboten?

84

Das zehnte Gebot verbietet alle Unzufriedenheit über unseren eigenen Besitz,[1] Neid oder Verdruss im Blick auf das Gut unseres Nächsten[2] und jedes ungezügelte Verlangen und Begehren nach irgendeiner Sache, die ihm gehört.[3]

1. **1Könige 21,4** | Da ging Ahab in sein Haus, missmutig und wütend über das Wort, das der Jesreeliter Nabot zu ihm geredet hatte, dass er gesagt hatte: Ich gebe dir das Erbe meiner Väter nicht. Und er legte sich auf sein Bett und wandte sein Gesicht ab und aß nichts.

   Ester 5,13 | Alles das aber genügt mir nicht, solange ich den Juden Mordechai im Tor des Königs sitzen sehe.

   1Korinther 10,10 | Murrt auch nicht, wie einige von ihnen murrten und von dem Verderber umgebracht wurden!

2. **Galater 5,26** | Lasst uns nicht nach eitler Ehre trachten, indem wir einander herausfordern, einander beneiden!

   Jakobus 3,14.16 | Wenn ihr aber bittere Eifersucht und Eigennutz in eurem Herzen habt, so rühmt euch nicht und lügt nicht gegen die Wahrheit! ... Denn wo Eifersucht und Eigennutz ist, da ist Zerrüttung und jede schlechte Tat.

3. **Kolosser 3,5** | Tötet nun eure Glieder, die auf der Erde sind: Unzucht, Unreinheit, Leidenschaft, böse Begierde und Habsucht, die Götzendienst ist!

▶ *D. Die Übertretung der Zehn Gebote*

85. Ist irgendein Mensch fähig, die Gebote Gottes vollkommen zu halten?

85

Kein normaler Mensch ist seit dem Sündenfall fähig, in diesem Leben die Gebote Gottes vollkommen zu halten,[1] sondern er übertritt sie täglich in Gedanken, Worten und Taten.[2]

3. Die Summe der christlichen Pflicht

1. **Prediger 7,20** | Denn kein Mensch auf Erden ist so gerecht, dass er nur Gutes täte und niemals sündigte.

   1Johannes 1,8.10 | Wenn wir sagen, dass wir keine Sünde haben, betrügen wir uns selbst, und die Wahrheit ist nicht in uns. ... Wenn wir sagen, dass wir nicht gesündigt haben, machen wir ihn zum Lügner, und sein Wort ist nicht in uns.

   Galater 5,17 | Denn das Fleisch begehrt gegen den Geist auf, der Geist aber gegen das Fleisch; denn diese sind einander entgegengesetzt, damit ihr nicht das tut, was ihr wollt.

2. **1Mose 6,5** | Und der HERR sah, dass die Bosheit des Menschen auf der Erde groß war und alles Sinnen der Gedanken seines Herzens nur böse den ganzen Tag.

   1Mose 8,21 | Und der HERR roch den wohlgefälligen Geruch, und der HERR sprach in seinem Herzen: Nicht noch einmal will ich den Erdboden verfluchen wegen des Menschen; denn das Sinnen des menschlichen Herzens ist böse von seiner Jugend an; und nicht noch einmal will ich alles Lebendige schlagen, wie ich getan habe.

   Römer 3,9-20 | Was nun? Haben wir einen Vorzug? Durchaus nicht! Denn wir haben sowohl Juden als auch Griechen vorher beschuldigt, dass sie alle unter der Sünde seien, wie geschrieben steht: „Da ist kein Gerechter, auch nicht einer; da ist keiner, der verständig ist; da ist keiner, der Gott sucht. Alle sind abgewichen, sie sind allesamt untauglich geworden; da ist keiner, der Gutes tut, da ist auch nicht einer." „Ihr Schlund ist ein offenes Grab; mit ihren Zungen handelten sie trügerisch." „Viperngift ist unter ihren Lippen." „Ihr Mund ist voll Fluchens und Bitterkeit." „Ihre Füße sind schnell, Blut zu vergießen; Verwüstung und Elend ist auf ihren Wegen, und den Weg des Friedens haben sie nicht erkannt." „Es ist keine Furcht Gottes vor ihren Augen." Wir wissen aber, dass alles, was das Gesetz sagt, es denen sagt, die unter dem Gesetz sind, damit jeder Mund verstopft werde und die ganze Welt dem Gericht Gottes verfallen sei. Darum: Aus Gesetzeswerken wird kein Fleisch vor ihm gerechtfertigt werden; denn durchs Gesetz kommt Erkenntnis der Sünde.

   Jakobus 3,2-12 | Denn wir alle straucheln oft. Wenn jemand nicht im Wort strauchelt, der ist ein vollkommener Mann, fähig, auch den ganzen Leib zu zügeln. Wenn wir aber den Pferden die Zäume in die Mäuler legen, damit sie uns gehorchen, lenken wir auch ihren ganzen Leib. Siehe, auch die Schiffe, die so groß und von heftigen Winden getrieben sind, werden durch ein sehr kleines Steuerruder gelenkt, wohin das Trachten des Steuermanns will. So ist auch die Zunge ein kleines Glied und rühmt sich großer Dinge. Siehe, welch kleines Feuer, welch einen großen Wald zündet es an! Auch die Zunge ist ein Feuer; als die Welt der Ungerechtigkeit erweist sich die Zunge unter unseren Gliedern, als diejenige, die den ganzen Leib befleckt und den Lauf des Daseins entzündet und von der Hölle entzündet wird. Denn jede Art, sowohl der wilden Tiere als auch der Vögel, sowohl der kriechenden als auch der Seetiere, wird gebändigt und ist gebändigt worden durch die menschliche Art; die Zunge aber kann keiner der Menschen bändigen; sie ist ein unstetes Übel, voll tödlichen Giftes. Mit ihr preisen wir den HERRN und Vater, und mit ihr fluchen wir den Menschen, die nach dem Bild Gottes geschaffen worden sind. Aus demselben Mund geht Segen und Fluch hervor. Dies, meine Brüder, sollte nicht so sein! Die Quelle sprudelt doch nicht aus derselben Öffnung das Süße und das Bittere hervor? Kann etwa, meine Brüder, ein Feigenbaum Oliven hervorbringen oder ein Weinstock Feigen? Auch kann Salziges nicht süßes Wasser hervorbringen.

I. Gottes Moralgesetz – die Zehn Gebote

86. Sind alle Übertretungen des Gesetzes gleichermaßen abscheulich?

86

Einige Sünden sind an sich und aufgrund verschiedener erschwerender Umstände aus Gottes Sicht abscheulicher als andere.

Hesekiel 8,6.13.15 | Und er sprach zu mir: Menschensohn, siehst du, was sie tun? Große Gräuel sind es, die das Haus Israel hier verübt, damit ich mich von meinem Heiligtum entferne. Aber du sollst noch größere Gräuel sehen. ... Und er sprach zu mir: Du sollst noch größere Gräuel sehen, die sie verüben. ... Und er sprach zu mir: Hast du gesehen, Menschensohn? Du sollst noch mehr, noch größere Gräuel sehen als diese.

Johannes 19,11 | Jesus antwortete: Du hättest keinerlei Macht über mich, wenn sie dir nicht von oben gegeben wäre; darum hat der, welcher mich dir überliefert hat, größere Sünde.

87. Was verdient jede Sünde?

87

Jede Sünde verdient Gottes Zorn und Fluch in diesem wie im zukünftigen Leben.

Epheser 5,6 | Niemand verführe euch mit leeren Worten! Denn dieser Dinge wegen kommt der Zorn Gottes über die Söhne des Ungehorsams.

Galater 3,10 | Denn alle, die aus Gesetzeswerken sind, die sind unter dem Fluch; denn es steht geschrieben: „Verflucht ist jeder, der nicht bleibt in allem, was im Buch des Gesetzes geschrieben ist, um es zu tun!"

Klagelieder 3,39 | Was beklagt sich der Mensch, der noch am Leben ist, was beklagt sich der Mann über seine Sündenstrafe?

Matthäus 25,41 | Dann wird er auch zu denen zur Linken sagen: Geht von mir, Verfluchte, in das ewige Feuer, das bereitet ist dem Teufel und seinen Engeln!

88. Welchen Ausweg hat Gott Sündern geoffenbart, damit sie vor seinem Zorn und Fluch, den sie wegen ihrer Sünde verdient haben, gerettet werden?

Gott hat Sündern als einzigen Weg zur Erlösung von ihren Sünden das Evangelium seines Sohnes Jesus Christus geoffenbart.

88

Römer 1,16 | Denn ich schäme mich des Evangeliums nicht, ist es doch Gottes Kraft zum Heil jedem Glaubenden, sowohl dem Juden zuerst als auch dem Griechen.

Apostelgeschichte 4,12 | Und es ist in keinem anderen das Heil; denn auch kein anderer Name unter dem Himmel ist den Menschen gegeben, in dem wir gerettet werden müssen.

▶ A. Die Forderungen des Evangeliums – Bekehrung und Ausharren

89. Was fordert Gott in seinem Evangelium von Sündern, um gerettet zu werden?

Gott fordert in seinem Evangelium von Sündern Glauben an Jesus Christus und Buße zum Leben, um vor seinem Zorn, der ihrer Sünde gebührt, gerettet zu werden.

89

Apostelgeschichte 20,21 | Da ich sowohl Juden als auch Griechen die Buße zu Gott und den Glauben an unseren Herrn Jesus Christus bezeugte.

90. Was ist Glaube an Jesus Christus?

Glaube an Jesus Christus ist eine rettende Gnade,[1] durch die ihn Sünder empfangen[2] und sich zu ihrer Rettung allein auf ihn verlassen,[3] so wie er ihnen im Evangelium dargeboten wird.[4]

1. *Epheser 2,8-9* | Denn aus Gnade seid ihr gerettet durch Glauben, und das nicht aus euch, Gottes Gabe ist es; nicht aus Werken, damit niemand sich rühme.

2. *Johannes 1,12* | So viele ihn aber aufnahmen, denen gab er das Recht, Kinder Gottes zu werden, denen, die an seinen Namen glauben.

3. *Philipper 3,9* | Und in ihm gefunden werde — indem ich nicht meine Gerechtigkeit habe, die aus dem Gesetz ist, sondern die durch den Glauben an Christus, die Gerechtigkeit aus Gott aufgrund des Glaubens.

Galater 2,16 | Aber da wir wissen, dass der Mensch nicht aus Gesetzeswerken gerechtfertigt wird, sondern nur durch den Glauben an Christus Jesus, haben wir auch an Christus Jesus geglaubt, damit wir aus Glauben an Christus gerechtfertigt werden und nicht aus Gesetzeswerken, weil aus Gesetzeswerken kein Fleisch gerechtfertigt wird.

4. *Römer 10,14.17* | Wie sollen sie nun den anrufen, an den sie nicht geglaubt haben? Wie aber sollen sie an den glauben, von dem sie nicht gehört haben? Wie aber sollen sie hören ohne einen Prediger? ... Also ist der Glaube aus der Verkündigung, die Verkündigung aber durch das Wort Christi.

91. Was ist die Buße zum Leben?

Die Buße zum Leben ist eine rettende Gnade,[1] durch die ein Sünder aufgrund wahrer Sündenerkenntnis[2] und ergriffen von Gottes Barmherzigkeit in Christus,[3] von Gram und Hass gegen seine Sünde erfüllt, sich von ihr zu Gott bekehrt[4] mit dem vollen Vorsatz und Streben nach neuem Gehorsam.[5]

1. *Apostelgeschichte 11,18* | Als sie aber dies gehört hatten, beruhigten sie sich und verherrlichten Gott und sagten: Dann hat Gott also auch den Nationen die Buße gegeben zum Leben.

3. Die Summe der christlichen Pflicht

2. *Apostelgeschichte 2,37-38* | Als sie aber das hörten, drang es ihnen durchs Herz, und sie sprachen zu Petrus und den anderen Aposteln: Was sollen wir tun, ihr Brüder? Petrus aber sprach zu ihnen: Tut Buße, und jeder von euch lasse sich taufen auf den Namen Jesu Christi zur Vergebung eurer Sünden! Und ihr werdet die Gabe des Heiligen Geistes empfangen.

3. *Joel 2,12-13* | Doch auch jetzt, spricht der HERR, kehrt um zu mir mit eurem ganzen Herzen und mit Fasten und mit Weinen und mit Klagen! Und zerreißt euer Herz und nicht eure Kleider und kehrt um zum Herrn, eurem Gott! Denn er ist gnädig und barmherzig, langsam zum Zorn und groß an Gnade, und lässt sich das Unheil gereuen.

4. *Jeremia 31,18-19* | Deutlich habe ich Ephraim wehklagen hören: Du hast mich gezüchtigt, und ich wurde gezüchtigt wie ein nicht ans Joch gewöhntes Kalb. Lass mich umkehren, dass ich umkehre, denn du, HERR, bist mein Gott. Denn nach meiner Umkehr empfinde ich Reue, und nachdem ich zur Erkenntnis gelangt bin, schlage ich mir auf die Hüften. Ich schäme mich und bin auch zuschanden geworden, denn ich trage die Schmach meiner Jugend.

Hesekiel 36,31 | Und ihr werdet an eure bösen Wege denken und an eure Taten, die nicht gut waren, und werdet an euch selbst Ekel empfinden wegen eurer Sünden und wegen eurer Gräuel.

5. *Psalm 119,59* | Ich habe meine Wege überdacht und meine Füße gekehrt zu deinen Zeugnissen.

92. Werden alle, die äußerlich Gehorsam gegenüber dem Evangelium bekennen, dem für ihre Sünden fälligen Zorn entrinnen?

Nicht alle, die äußerlich Gehorsam gegenüber dem Evangelium bekennen,[1] werden errettet werden, sondern nur diejenigen, die im Glauben und in der Heiligung bis ans Ende beharren.[2]

1. *Matthäus 7,21* | Nicht jeder, der zu mir sagt: Herr, Herr!, wird in das Reich der Himmel hineinkommen, sondern wer den Willen meines Vaters tut, der in den Himmeln ist.

2. *1Petrus 1,5* | Die ihr in der Kraft Gottes durch Glauben bewahrt werdet zur Rettung, die bereitsteht, in der letzten Zeit offenbart zu werden.

Hebräer 12,14 | Jagt dem Frieden mit allen nach und der Heiligung, ohne die niemand den Herrn schauen wird.

93. Wer wird schließlich im Glauben und in der Heiligung bis ans Ende beharren und errettet werden?

Alle wahren Gläubigen werden aufgrund von Gottes ewigem Ratschluss und seiner unveränderlicher Liebe,[1] Christi Fürsprache[2] und dem ihnen innewohnenden Geist und Wort Gottes[3] durch die Macht Gottes bewahrt[4] und mit jeder geistlichen Segnung in Christus zugerüstet.[5] Deshalb werden sie ganz sicher im Glauben und in der Heiligung bis ans Ende beharren und errettet werden.[6]

1. ***Römer 8,28-30*** | Wir wissen aber, dass denen, die Gott lieben, alle Dinge zum Guten mitwirken, denen, die nach seinem Vorsatz berufen sind. Denn die er vorher erkannt hat, die hat er auch vorherbestimmt, dem Bilde seines Sohnes gleichförmig zu sein, damit er der Erstgeborene sei unter vielen Brüdern. Die er aber vorherbestimmt hat, diese hat er auch berufen; und die er berufen hat, diese hat er auch gerechtfertigt; die er aber gerechtfertigt hat, diese hat er auch verherrlicht.

   Jeremia 31,3 | Der HERR ist ihm von ferne erschienen: „Ja, mit ewiger Liebe habe ich dich geliebt; darum habe ich dir meine Güte bewahrt."

2. ***Hebräer 7,25*** | Daher kann er die auch völlig retten, die sich durch ihn Gott nahen, weil er immer lebt, um sich für sie zu verwenden.

3. ***Johannes 14,16*** | Und ich werde den Vater bitten, und er wird euch einen anderen Beistand geben, dass er bei euch sei in Ewigkeit.

4. ***Johannes 10,28-29*** | Und ich gebe ihnen ewiges Leben, und sie gehen nicht verloren in Ewigkeit, und niemand wird sie aus meiner Hand rauben. Mein Vater, der sie mir gegeben hat, ist größer als alle, und niemand kann sie aus der Hand meines Vaters rauben.

   1Petrus 1,5 | Die ihr in der Kraft Gottes durch Glauben bewahrt werdet zur Rettung, die bereitsteht, in der letzten Zeit offenbart zu werden.

5. ***Epheser 1,3*** | Gepriesen sei der Gott und Vater unseres Herrn Jesus Christus! Er hat uns gesegnet mit jeder geistlichen Segnung in der Himmelswelt in Christus.

6. ***1Korinther 1,8-9*** | Der euch auch festigen wird bis ans Ende, so dass ihr untadelig seid an dem Tag unseres Herrn Jesus Christus. Gott ist treu, durch den ihr berufen worden seid in die Gemeinschaft seines Sohnes Jesus Christus, unseres Herrn.

   Philipper 1,6 | Ich bin ebenso in guter Zuversicht, dass der, der ein gutes Werk in euch angefangen hat, es vollenden wird bis auf den Tag Christi Jesu.

► **B. Die äußerlichen Vorkehrungen des Evangeliums
– die Gnadenmittel**

**94. Was sind die äußerlichen und gewöhnlichen
Gnadenmittel, durch die Gott seine Erwählten bewahrt
und ihnen die Segnungen der Erlösung in Christus
vermittelt?**

Die äußerlichen und gewöhnlichen Gnadenmittel, durch
die Gott seine Erwählten bewahrt und ihnen die Segnungen
der Erlösung in Christus vermittelt, sind seine Anordnungen,
insbesondere das Wort, die Sakramente und das Gebet, die
alle bei den Erwählten zur Errettung wirksam werden.

94

Matthäus 28,19-20 | Geht nun hin und macht alle Nationen zu Jüngern, und tauft sie auf den Namen des Vaters und des Sohnes und des Heiligen Geistes, und lehrt sie alles zu bewahren, was ich euch geboten habe! Und siehe, ich bin bei euch alle Tage bis zur Vollendung des Zeitalters.

Apostelgeschichte 2,41-42.46-47 | Die nun sein Wort aufnahmen, ließen sich taufen; und es wurden an jenem Tag etwa dreitausend Seelen hinzugetan. Sie verharrten aber in der Lehre der Apostel und in der Gemeinschaft, im Brechen des Brotes und in den Gebeten. ... Täglich verharrten sie einmütig im Tempel und brachen zu Hause das Brot, nahmen Speise mit Jubel und Schlichtheit des Herzens, lobten Gott und hatten Gunst beim ganzen Volk. Der Herr aber tat täglich hinzu, die gerettet werden sollten.

95. Wie ist das Wort wirksam zum Heil?

Der Geist Gottes macht das Lesen,[1] besonders aber die Predigt des Wortes[2] zu einem wirksamen Mittel, das Sünder überführt und bekehrt[3] und Gläubige in Heiligkeit und Trost[4] durch den Glauben zum Heil auferbaut.[5]

1. *Nehemia 8,8* | Und sie lasen aus dem Buch, aus dem Gesetz Gottes, abschnittsweise vor und gaben den Sinn an, so dass man das Vorgelesene verstehen konnte.

   1Timotheus 4,13.16 | Bis ich komme, achte auf das Vorlesen, auf das Ermahnen, auf das Lehren! … Habe acht auf dich selbst und auf die Lehre; beharre in diesen Dingen! Denn wenn du dies tust, so wirst du sowohl dich selbst retten als auch die, die dich hören.

2. *1Korinther 1,21* | Denn weil in der Weisheit Gottes die Welt durch die Weisheit Gott nicht erkannte, hat es Gott wohlgefallen, durch die Torheit der Predigt die Glaubenden zu retten.

   Römer 10,13-17 | „Denn jeder, der den Namen des Herrn anrufen wird, wird gerettet werden". Wie sollen sie nun den anrufen, an den sie nicht geglaubt haben? Wie aber sollen sie an den glauben, von dem sie nicht gehört haben? Wie aber sollen sie hören ohne einen Prediger? Wie aber sollen sie predigen, wenn sie nicht gesandt sind? Wie geschrieben steht: „Wie lieblich sind die Füße derer, die Gutes verkündigen!" Aber nicht alle haben dem Evangelium gehorcht. Denn Jesaja sagt: „Herr, wer hat unserer Verkündigung geglaubt?" Also ist der Glaube aus der Verkündigung, die Verkündigung aber durch das Wort Christi.

3. *Psalm 19,8-9* | Das Gesetz des HERRN ist vollkommen und erquickt die Seele; das Zeugnis des Herrn ist zuverlässig und macht den Einfältigen weise. Die Vorschriften des HERRN sind richtig und erfreuen das Herz; das Gebot des HERRN ist lauter und macht die Augen hell.

   1Korinther 14,24-25 | Wenn aber alle weissagen und irgendein Ungläubiger oder Unkundiger kommt herein, so wird er von allen überführt, von allen beurteilt; das Verborgene seines Herzens wird offenbar, und so wird er auf sein Angesicht fallen und wird Gott anbeten und verkündigen, dass Gott wirklich unter euch ist.

4. *Apostelgeschichte 20,32* | Und nun befehle ich euch Gott und dem Wort seiner Gnade, das die Kraft hat, aufzuerbauen und ein Erbe unter allen Geheiligten zu geben.

   Römer 15,4 | Denn alles, was früher geschrieben ist, ist zu unserer Belehrung geschrieben, damit wir durch das Ausharren und durch die Ermunterung der Schriften die Hoffnung haben.

   1Thessalonicher 1,6 | Und ihr seid unsere Nachahmer geworden und die des Herrn, indem ihr das Wort in viel Bedrängnis mit Freude des Heiligen Geistes aufgenommen habt.

5. *Römer 1,16* | Denn ich schäme mich des Evangeliums nicht, ist es doch Gottes Kraft zum Heil jedem Glaubenden, sowohl dem Juden zuerst als auch dem Griechen.

2Timotheus 3,15-17 | Und weil du von Kind auf die heiligen Schriften kennst, die Kraft haben, dich weise zu machen zur Rettung durch den Glauben, der in Christus Jesus ist. Alle Schrift ist von Gott eingegeben und nützlich zur Lehre, zur Überführung, zur Zurechtweisung, zur Unterweisung in der Gerechtigkeit, damit der Mensch Gottes richtig sei, für jedes gute Werk ausgerüstet.

96. Wie muss das Wort gelesen und gehört werden, damit es zum Heil wirksam wird?

Damit das Wort zum Heil wirksam wird, müssen die Hörer mit Fleiß,[1] Vorbereitung[2] und Gebet[3] darauf achten, es mit Glauben[4] und Liebe[5] aufnehmen, es in ihrem Herzen bewahren[6] und es in ihrem Leben in die Tat umsetzen.[7]

96

1. *Sprüche 8,34* | Glücklich der Mensch, der auf mich hört, indem er wacht an meinen Türen Tag für Tag, die Pfosten meiner Tore hütet!

2. *1Petrus 2,1-2* | Legt nun ab alle Bosheit und allen Trug und Heuchelei und Neid und alles üble Nachreden, und seid wie neugeborene Kinder, begierig nach der vernünftigen, unverfälschten Milch — damit ihr durch sie wachset zur Rettung.

3. *Psalm 119,18* | Öffne meine Augen, damit ich schaue die Wunder aus deinem Gesetz.

4. *Hebräer 4,2* | Denn auch uns ist eine gute Botschaft verkündigt worden, wie auch jenen; aber das gehörte Wort nützte jenen nicht, weil es bei denen, die es hörten, sich nicht mit dem Glauben verband.

5. *2Thessalonicher 2,10* | Und mit jedem Betrug der Ungerechtigkeit für die, welche verloren gehen, dafür, dass sie die Liebe der Wahrheit zu ihrer Rettung nicht angenommen haben.

6. *Psalm 119,11* | In meinem Herzen habe ich dein Wort verwahrt, damit ich nicht gegen dich sündige.

7. *Lukas 8,15* | Das in der guten Erde aber sind die, welche in einem redlichen und guten Herzen das Wort, nachdem sie es gehört haben, bewahren und Frucht bringen mit Ausharren.

Jakobus 1,25 | Wer aber in das vollkommene Gesetz der Freiheit hineingeschaut hat und dabei geblieben ist, indem er nicht ein vergesslicher Hörer, sondern ein Täter des Werkes ist, der wird in seinem Tun glückselig sein.

97. Was ist ein Sakrament des Neuen Bundes?

Ein Sakrament des Neuen Bundes ist eine von Jesus Christus eingesetzte heilige Ordnung, worin Christus und die Segnungen des Neuen Bundes den Gläubigen durch sichtbare Zeichen dargestellt, versiegelt und zugeeignet werden.

1Korinther 11,23-26 | Denn ich habe von dem Herrn empfangen, was ich auch euch überliefert habe, dass der Herr Jesus in der Nacht, in der er überliefert wurde, Brot nahm und, als er gedankt hatte, es brach und sprach: Dies ist mein Leib, der für euch ist; dies tut zu meinem Gedächtnis! Ebenso auch den Kelch nach dem Mahl und sprach: Dieser Kelch ist der neue Bund in meinem Blut, dies tut, sooft ihr trinkt, zu meinem Gedächtnis! Denn sooft ihr dieses Brot esst und den Kelch trinkt, verkündigt ihr den Tod des Herrn, bis er kommt.

98. Welches sind die Sakramente des Neuen Bundes?

Die Sakramente des Neuen Bundes sind die Taufe[1] und das Abendmahl.[2]

1. *Matthäus 28,19* | Geht nun hin und macht alle Nationen zu Jüngern, und tauft sie auf den Namen des Vaters und des Sohnes und des Heiligen Geistes.

2. *1Korinther 11,23-26* | Denn ich habe von dem Herrn empfangen, was ich auch euch überliefert habe, dass der Herr Jesus in der Nacht, in der er überliefert wurde, Brot nahm und, als er gedankt hatte, es brach und sprach: Dies ist mein Leib, der für euch ist; dies tut zu meinem Gedächtnis! Ebenso auch den Kelch nach dem Mahl und sprach: Dieser Kelch ist der neue Bund in meinem Blut, dies tut, sooft ihr trinkt, zu meinem Gedächtnis! Denn sooft ihr dieses Brot esst und den Kelch trinkt, verkündigt ihr den Tod des Herrn, bis er kommt.

99. Wie werden die Taufe und das Abendmahl wirksame Mittel zum Heil?

Taufe und Abendmahl werden nicht durch eine Kraft in sich selbst oder in dem, der sie verwaltet, zu wirksamen Mitteln zum Heil,[1] sondern allein durch den Segen Christi und das Wirken seines Geistes in denjenigen, die sie im Glauben empfangen.[2]

1. **1Korinther 3,6-7** | Ich habe gepflanzt, Apollos hat begossen, Gott aber hat das Wachstum gegeben. So ist weder der da pflanzt etwas, noch der da begießt, sondern Gott, der das Wachstum gibt.

2. **1Petrus 3,21** | Das Abbild davon errettet jetzt auch euch, das ist die Taufe — nicht ein Ablegen der Unreinheit des Fleisches, sondern die Bitte an Gott um ein gutes Gewissen — durch die Auferstehung Jesu Christi.

100. Was ist die Taufe?

Die Taufe ist ein von Jesus Christus eingesetztes Sakrament des Neuen Bundes[1], das für den Täufling ein Zeichen ist für seine Verbundenheit mit ihm in seinem Tod, seinem Begräbnis und seiner Auferstehung; dafür, dass er in ihn eingepfropft ist; für die Sündenvergebung und für seine Selbsthingabe an Gott durch Jesus Christus, um in der Neuheit des Lebens zu leben und zu wandeln.[2]

1. **Matthäus 28,19** | Geht nun hin und macht alle Nationen zu Jüngern, und tauft sie auf den Namen des Vaters und des Sohnes und des Heiligen Geistes.

2. **Römer 6,3-4** | Oder wisst ihr nicht, dass wir, so viele auf Christus Jesus getauft wurden, auf seinen Tod getauft worden sind? So sind wir nun mit ihm begraben worden durch die Taufe in den Tod, damit, wie Christus aus den Toten auferweckt worden ist durch die Herrlichkeit des Vaters, so werden auch wir in Neuheit des Lebens wandeln.

Kolosser 2,12 | Mit ihm begraben in der Taufe, in ihm auch mit auferweckt durch den Glauben an die wirksame Kraft Gottes, der ihn aus den Toten auferweckt hat.

Galater 3,26-27 | Denn ihr alle seid Söhne Gottes durch den Glauben in Christus Jesus. Denn ihr alle, die ihr auf Christus getauft worden seid, ihr habt Christus angezogen.

101. Wem soll die Taufe gespendet werden?

101

Die Taufe soll all denjenigen gespendet werden, die glaubhaft Buße zu Gott[1] sowie Glauben an und Gehorsam gegenüber unserem Herrn Jesus Christus bekennen[2] – und niemand sonst.

1. *Apostelgeschichte 2,38* | Petrus aber sprach zu ihnen: Tut Buße, und jeder von euch lasse sich taufen auf den Namen Jesu Christi zur Vergebung eurer Sünden! Und ihr werdet die Gabe des Heiligen Geistes empfangen.

Apostelgeschichte 2,41 | Die nun sein Wort aufnahmen, ließen sich taufen; und es wurden an jenem Tag etwa dreitausend Seelen hinzugetan.

2. *Markus 16,16* | Wer gläubig geworden und getauft worden ist, wird gerettet werden; wer aber ungläubig ist, wird verdammt werden.

Apostelgeschichte 8,12 | Als sie aber dem Philippus glaubten, der das Evangelium vom Reich Gottes und dem Namen Jesu Christi verkündigte, ließen sie sich taufen, sowohl Männer als auch Frauen.

102. Sollen die Kleinkinder bekennender Gläubiger getauft werden?

102

Die Kleinkinder bekennender Gläubiger sollen nicht getauft werden, denn in der Heiligen Schrift findet sich weder ein Gebot noch ein Beispiel dafür noch lässt sich sicher daraus ableiten, dass diese getauft werden sollen.

5Mose 13,1 | Das ganze Wort, das ich euch gebiete, das sollt ihr bewahren, um es zu tun. Du sollst zu ihm nichts hinzufügen und nichts von ihm wegnehmen.

Sprüche 30,6 | Füge zu seinen Worten nichts hinzu, damit er dich nicht überführt und du als Lügner dastehst!

Apostelgeschichte 8,12 | Als sie aber dem Philippus glaubten, der das Evangelium vom Reich Gottes und dem Namen Jesu Christi verkündigte, ließen sie sich taufen, sowohl Männer als auch Frauen.

Apostelgeschichte 10,47-48 | Könnte wohl jemand das Wasser verwehren, dass diese nicht getauft würden, die den Heiligen Geist empfangen haben wie auch wir? Und er befahl, dass sie getauft würden im Namen Jesu Christi. Dann baten sie ihn, einige Tage zu bleiben.

103. Wie soll die Taufe richtig gespendet werden?

Die Taufe wird richtig gespendet, indem der ganze Körper des Gläubigen in Wasser ein- oder untergetaucht wird, im Namen des Vaters, des Sohnes und des Heiligen Geistes, gemäß den Einsetzungsworten Christi[1] und der Gepflogenheit der Apostel;[2] und nicht durch Besprengen oder Übergießen mit Wasser oder teilweises Eintauchen des Körpers nach menschlicher Überlieferung.

1. *Matthäus 3,16* | Und als Jesus getauft war, stieg er sogleich aus dem Wasser herauf; und siehe, die Himmel wurden ihm geöffnet, und er sah den Geist Gottes wie eine Taube herabfahren und auf sich kommen.

   Johannes 3,23 | Aber auch Johannes taufte zu Änon, nahe bei Salim, weil dort viel Wasser war; und sie kamen hin und wurden getauft.

2. *Apostelgeschichte 8,38-39* | Und er befahl, den Wagen anzuhalten. Und sie stiegen beide in das Wasser hinab, sowohl Philippus als auch der Kämmerer, und er taufte ihn. Als sie aber aus dem Wasser heraufstiegen, entrückte der Geist des Herrn den Philippus, und der Kämmerer sah ihn nicht mehr, denn er zog seinen Weg mit Freuden.

104. Was ist das Mahl des Herrn?

Das Mahl des Herrn ist ein Sakrament des Neuen Bundes, in dem durch Darreichen und Empfangen von Brot und Wein gemäß der Anordnung Christi sein Tod verkündigt wird[1] und die würdigen Empfänger nicht auf körperliche und fleischliche Weise, sondern durch Glauben seines Leibes und Blutes mit allen seinen Wohltaten teilhaftig werden zu ihrer geistlichen Nahrung und zu ihrem Wachstum in der Gnade.[2]

1. *1Korinther 11,23-26* | Denn ich habe von dem Herrn empfangen, was ich auch euch überliefert habe, dass der Herr Jesus in der Nacht, in der er überliefert wurde, Brot nahm und, als er gedankt hatte, es brach und sprach: Dies ist mein Leib, der für euch ist; dies tut zu meinem Gedächtnis! Ebenso auch den Kelch nach dem Mahl und sprach: Dieser Kelch ist der neue Bund in meinem Blut, dies tut, sooft ihr trinkt, zu meinem Gedächtnis! Denn sooft ihr dieses Brot esst und den Kelch trinkt, verkündigt ihr den Tod des Herrn, bis er kommt.

2. *1Korinther 10,16* | Der Kelch des Segens, den wir segnen, ist er nicht die Gemeinschaft des Blutes des Christus? Das Brot, das wir brechen, ist es nicht die Gemeinschaft des Leibes des Christus?

105. Was ist für den würdigen Empfang des Mahls des Herrn erforderlich?

Von denen, die würdig am Mahl des Herrn teilnehmen wollen, wird gefordert, dass sie sich selbst prüfen hinsichtlich ihrer Erkenntnis, durch die sie den Leib des Herrn beurteilen,[1] hinsichtlich ihres Glaubens, durch den sie sich von ihm nähren,[2] hinsichtlich ihrer Buße,[3] ihrer Liebe[4] und ihres neuen Gehorsams,[5] damit sie nicht, wenn sie unwürdig kommen, sich selbst zum Gericht essen und trinken.[6]

1. *1Korinther 11,28-29* | Der Mensch aber prüfe sich selbst, und so esse er von dem Brot und trinke von dem Kelch. Denn wer isst und trinkt, isst und trinkt sich selbst Gericht, wenn er den Leib des Herrn nicht richtig beurteilt.

2. *2Korinther 13,5* | Prüft euch, ob ihr im Glauben seid, untersucht euch! Oder erkennt ihr euch selbst nicht, dass Jesus Christus in euch ist? Es sei denn, dass ihr etwa unbewährt seid.

3. *1Korinther 11,31* | Wenn wir uns aber selbst beurteilten, so würden wir nicht gerichtet.

4. *1Korinther 11,16-17* | Wenn es aber jemand für gut hält, streitsüchtig zu sein, so soll er wissen: wir haben eine derartige Gewohnheit nicht, auch nicht die Gemeinden Gottes. Wenn ich aber Folgendes vorschreibe, so lobe ich nicht, dass ihr nicht zum Besseren, sondern zum Schlechteren zusammenkommt.

5. *1Korinther 5,7-8* | Fegt den alten Sauerteig aus, damit ihr ein neuer Teig seid, wie ihr ja bereits ungesäuert seid! Denn auch unser Passahlamm, Christus, ist geschlachtet. Darum lasst uns das Fest feiern, nicht mit altem Sauerteig, auch nicht mit Sauerteig der Bosheit und Schlechtigkeit, sondern mit Ungesäuertem der Lauterkeit und Wahrheit!

6. *1Korinther 11,28-29* | Der Mensch aber prüfe sich selbst, und so esse er von dem Brot und trinke von dem Kelch. Denn wer isst und trinkt, isst und trinkt sich selbst Gericht, wenn er den Leib des Herrn nicht richtig beurteilt.

106. Was ist ein für Gott annehmbares Gebet?

106

In einem für Gott annehmbaren Gebet tragen die Gerechten[1] Gott ihre Wünsche vor,[2] die mit seinem Willen vereinbar sind.[3] Dies tun sie im Namen Christi,[4] mit der Hilfe seines Geistes,[5] verbunden mit Sündenbekenntnis[6] und der dankbaren Anerkennung seiner Wohltaten.[7]

1. *Sprüche 15,8* | Das Opfer der Gottlosen ist ein Gräuel für den HERRN, aber das Gebet der Aufrichtigen sein Wohlgefallen.

   Sprüche 28,9 | Wer sein Ohr abwendet vom Hören des Gesetzes, dessen Gebet sogar ist ein Gräuel.

2. *Psalm 62,9* | Vertraut auf ihn allezeit, ihr von Gottes Volk! Schüttet euer Herz vor ihm aus! Gott ist unsere Zuflucht.

3. *1Johannes 5,14* | Und dies ist die Zuversicht, die wir zu ihm haben, dass er uns hört, wenn wir etwas nach seinem Willen bitten.

4. *Johannes 16,23* | Und an jenem Tag werdet ihr mich nichts fragen. Wahrlich, wahrlich, ich sage euch: Was ihr den Vater bitten werdet in meinem Namen, wird er euch geben.

5. *Römer 8,26* | Ebenso aber nimmt auch der Geist sich unserer Schwachheit an; denn wir wissen nicht, was wir bitten sollen, wie es sich gebührt, aber der Geist selbst verwendet sich für uns in unaussprechlichen Seufzern.

6. *Psalm 32,5-6* | So tat ich dir kund meine Sünde und deckte meine Schuld nicht zu. Ich sagte: Ich will dem HERRN meine Übertretungen bekennen; und du, du hast vergeben die Schuld meiner Sünde. Deshalb soll jeder Fromme zu dir beten, zur Zeit, da du zu finden bist; gewiss, bei großer Wasserflut — ihn werden sie nicht erreichen.

   Daniel 9,4 | Und ich betete zum HERRN, meinem Gott, und ich bekannte und sprach: Ach, Herr, du großer und furchtbarer Gott, der Bund und Güte denen bewahrt, die ihn lieben und seine Gebote halten!

7. *Philipper 4,6* | Seid um nichts besorgt, sondern in allem sollen durch Gebet und Flehen mit Danksagung eure Anliegen vor Gott kundwerden.

Die Vorkehrungen des Evangeliums

107. Welche Richtschnur hat Gott seinem Volk als Anleitung zum Gebet gegeben?

Das ganze Wort Gottes dient seinem Volk als Anleitung zum Gebet.[1] Doch die besondere Richtschnur zur Anleitung ist das Mustergebet, das Christus seine Jünger gelehrt hat und gewöhnlich **Vaterunser** genannt wird.[2]

107

1. **1Johannes 5,14** | Und dies ist die Zuversicht, die wir zu ihm haben, dass er uns hört, wenn wir etwas nach seinem Willen bitten.

2. **Matthäus 6,9-13** | Betet ihr nun so: Unser Vater, der du bist in den Himmeln, geheiligt werde dein Name; dein Reich komme; dein Wille geschehe, wie im Himmel, so auch auf Erden! Unser tägliches Brot gib uns heute; und vergib uns unsere Schulden, wie auch wir unseren Schuldnern vergeben haben; und führe uns nicht in Versuchung, sondern rette uns von dem Bösen!

Lukas 11,2-4 | Er sprach aber zu ihnen: Wenn ihr betet, so sprecht: Vater, geheiligt werde dein Name; dein Reich komme; unser nötiges Brot gib uns täglich; und vergib uns unsere Sünden, denn auch wir selbst vergeben jedem, der uns schuldig ist; und führe uns nicht in Versuchung.

108. Was lehrt die Einleitung zum Vaterunser seine Jünger?

Die Einleitung zum Vaterunser (die lautet: *Vater unser im Himmel*)[1] lehrt seine Jünger, die gewöhnlich Christen genannt werden,[2] sich mit aller heiligen Ehrfurcht und Zuversicht Gott zu nahen, wie Kinder einem Vater, der fähig und bereit ist, ihnen zu helfen;[3] und dass sie miteinander und füreinander beten sollen.[4]

1. *Matthäus 6,9b*

2. *Apostelgeschichte 11,26c* | Und dass die Jünger zuerst in Antiochia Christen genannt wurden.

3. *Jesaja 64,8* | HERR, zürne nicht allzu sehr, und nicht ewig erinnere dich an die Sünde! Siehe, schau doch her, dein Volk sind wir alle!

   Lukas 11,13 | Wenn nun ihr, die ihr böse seid, euren Kindern gute Gaben zu geben wisst, wie viel mehr wird der Vater, der vom Himmel gibt, den Heiligen Geist geben denen, die ihn bitten!

Römer 8,15 | Denn ihr habt nicht einen Geist der Knechtschaft empfangen, wieder zur Furcht, sondern einen Geist der Sohnschaft habt ihr empfangen, in dem wir rufen: Abba, Vater!

4. *1Timotheus 2,1-2* | Ich ermahne nun vor allen Dingen, dass Flehen, Gebete, Fürbitten, Danksagungen getan werden für alle Menschen, für Könige und alle, die in Hoheit sind, damit wir ein ruhiges und stilles Leben führen mögen in aller Gottseligkeit und Ehrbarkeit.

   Epheser 6,18 | Mit allem Gebet und Flehen betet zu jeder Zeit im Geist, und wachet hierzu in allem Anhalten und Flehen für alle Heiligen.

109. Um was beten Christen in der ersten Bitte?

In der ersten Bitte (die lautet: *geheiligt werde dein Name*),[1] beten Christen, dass Gott sie und andere befähige, ihn in allem, wodurch er sich selbst zu erkennen gibt, zu verherrlichen,[2] und dass er alle Dinge zu seiner eigenen Ehre lenken möge.[3]

109

1. *Matthäus 6,9c*

2. *Psalm 67,2-4* | Gott sei uns gnädig und segne uns, er lasse sein Angesicht leuchten über uns, dass man auf der Erde erkenne deinen Weg, unter allen Nationen deine Hilfe! Es sollen dich preisen die Völker, Gott; es sollen dich preisen die Völker alle.

3. *Römer 11,36* | Denn aus ihm und durch ihn und zu ihm hin sind alle Dinge! Ihm sei die Herrlichkeit in Ewigkeit! Amen.

110. Um was beten Christen in der zweiten Bitte?

In der zweiten Bitte (die lautet: *Dein Reich komme!*),¹ beten Christen, dass Satans Reich zerstört werde² und sich das Reich der Gnade ausbreiten möge;³ dass Sünder hineingebracht⁴ und Gläubige darin bewahrt werden;⁵ und dass das Reich der Herrlichkeit bald kommen möge.⁶

1. *Matthäus 6,10a*

2. *Psalm 68,2* | Gott wird sich erheben, es werden sich zerstreuen seine Feinde, und die ihn hassen, werden fliehen vor seinem Angesicht.

3. *Psalm 51,20* | Tue Zion Gutes in deiner Gunst, baue die Mauern Jerusalems!

   Offenbarung 12,10-11 | Und ich hörte eine laute Stimme im Himmel sagen: Nun ist das Heil und die Kraft und das Reich unseres Gottes und die Macht seines Christus gekommen; denn hinabgeworfen ist der Verkläger unserer Brüder, der sie Tag und Nacht vor unserem Gott verklagte. Und sie haben ihn überwunden wegen des Blutes des Lammes und wegen des Wortes ihres Zeugnisses, und sie haben ihr Leben nicht geliebt bis zum Tod!

4. *2Thessalonicher 3,1* | Übrigens, Brüder, betet für uns, dass das Wort des Herrn laufe und verherrlicht werde wie auch bei euch.

Römer 10,1 | Brüder! Das Wohlgefallen meines Herzens und mein Flehen für sie zu Gott ist, dass sie gerettet werden.

5. *Kolosser 1,9-13* | Deshalb hören auch wir nicht auf, von dem Tag an, da wir es gehört haben, für euch zu beten und zu bitten, dass ihr mit der Erkenntnis seines Willens erfüllt werdet in aller Weisheit und geistlichem Verständnis, um des Herrn würdig zu wandeln zu allem Wohlgefallen, fruchtbringend in jedem guten Werk und wachsend durch die Erkenntnis Gottes, gekräftigt mit aller Kraft nach der Macht seiner Herrlichkeit, zu allem Ausharren und aller Langmut, mit Freuden dem Vater danksagend, der euch fähig gemacht hat zum Anteil am Erbe der Heiligen im Licht; er hat uns gerettet aus der Macht der Finsternis und versetzt in das Reich des Sohnes seiner Liebe.

6. *Offenbarung 22,20* | Der diese Dinge bezeugt, spricht: Ja, ich komme bald. Amen; komm, Herr Jesus!

111. Um was beten Christen in der dritten Bitte?

In der dritten Bitte (die lautet: *Dein Wille geschehe, wie im Himmel so auf Erden!*)[1] beten Christen, dass Gott sie in seiner Gnade fähig und willig mache, in allen Dingen seinen Willen zu kennen,[2] ihm zu gehorchen[3] und sich ihm zu unterwerfen,[4] wie es die Engel im Himmel tun.[5]

111

1. *Matthäus 6,10b*

2. *Psalm 119,34* | Gib mir Einsicht, und ich will dein Gesetz bewahren und es halten von ganzem Herzen.

3. *Psalm 119,35-36* | Leite mich auf dem Pfad deiner Gebote! Denn ich habe Gefallen daran. Neige mein Herz zu deinen Zeugnissen und nicht zum Gewinn!

4. *Hiob 1,21* | Und er sagte: Nackt bin ich aus meiner Mutter Leib gekommen, und nackt kehre ich dahin zurück. Der HERR hat gegeben, und der Herr hat genommen, der Name des HERRN sei gepriesen!

Apostelgeschichte 21,14 | Als er sich aber nicht überreden ließ, schwiegen wir und sprachen: Der Wille des Herrn geschehe!

5. *Psalm 103,20-21* | Preist den HERRN, ihr seine Engel, ihr Gewaltigen an Kraft, Täter seines Wortes, dass man höre auf die Stimme seines Wortes! Preist den HERRN, alle seine Heerscharen, ihr seine Diener, die ihr seinen Willen tut.

112. Um was beten Christen in der vierten Bitte?

In der vierten Bitte (die lautet: *Unser tägliches Brot gib uns heute!*),[1] beten Christen, dass sie aus der unverdienten Schenkung Gottes einen angemessenen Teil der guten Dinge dieses Lebens empfangen und darin seine Segnungen genießen mögen.[2]

1. *Matthäus 6,11*

2. *Sprüche 30,8-9* | Gehaltloses und Lügenwort halte von mir fern! Armut und Reichtum gib mir nicht, lass mich das Brot, das ich brauche, genießen, damit ich nicht, satt geworden, leugne und sage: Wer ist denn der HERR? — und damit ich nicht, arm geworden, stehle und mich vergreife an dem Namen meines Gottes!

1Timotheus 4,4-5 | Denn jedes Geschöpf Gottes ist gut und nichts verwerflich, wenn es mit Danksagung genommen wird; denn es wird geheiligt durch Gottes Wort und durch Gebet.

Psalm 90,17 | Die Freundlichkeit des HERRN, unseres Gottes, sei über uns und festige über uns das Werk unserer Hände! Ja, das Werk unserer Hände, festige du es!

113. Um was beten Christen in der fünften Bitte?

In der fünften Bitte (die lautet: *Und vergib uns unsere Schuld, wie auch wir vergeben unseren Schuldigern!*),[1] beten Christen, dass Gott ihnen um Christi Willen unverdientermaßen alle ihre Sünden vergeben möge.[2] Zu dieser Bitte haben sie umso mehr Freimütigkeit, da sie durch seine Gnade selbst dazu befähigt werden, anderen von Herzen zu vergeben.[3]

1. *Matthäus 6,12*

2. *Psalm 51,3-4.9.11* | Sei mir gnädig, Gott, nach deiner Gnade; tilge meine Vergehen nach der Größe deiner Barmherzigkeit! Wasche mich völlig von meiner Schuld, und reinige mich von meiner Sünde! ...

Entsündige mich mit Ysop, und ich werde rein sein; wasche mich, und ich werde weißer sein als Schnee. ... Verbirg dein Angesicht vor meinen Sünden, und tilge alle meine Schuld!

Daniel 9,17-19 Und nun, unser Gott, höre auf das Gebet deines Knechtes und auf sein Flehen! Und lass dein Angesicht leuchten über dein verwüstetes Heiligtum um des Herrn willen! Neige, mein Gott, dein Ohr und höre! Tu deine Augen auf und sieh unsere Verwüstungen und die Stadt, über der dein Name ausgerufen ist! Denn nicht aufgrund unserer Gerechtigkeiten legen wir unser Flehen vor dich hin, sondern aufgrund deiner vielen Erbarmungen. Herr, höre! Herr, vergib! Herr, merke auf und handle! Zögere nicht, um deiner selbst willen, mein Gott! Denn dein Name ist über deiner Stadt und deinem Volk ausgerufen worden.

3. *Lukas 11,4a* | Und vergib uns unsere Sünden, denn auch wir selbst vergeben jedem, der uns schuldig ist.

Matthäus 18,35 | So wird auch mein himmlischer Vater euch tun, wenn ihr nicht ein jeder seinem Bruder von Herzen vergebt.

114. Um was beten Christen in der sechsten Bitte?

In der sechsten Bitte (die lautet: *Und führe uns nicht in Versuchung, sondern erlöse uns von dem Bösen!*),[1] beten Christen, dass Gott sie entweder vor der Versuchung zur Sünde bewahren[2] oder ihnen beistehen und sie befreien möge, wenn sie versucht werden.[3]

114

1. *Matthäus 6,13a*

2. *Matthäus 26,41* | Wacht und betet, damit ihr nicht in Versuchung kommt! Der Geist zwar ist willig, das Fleisch aber schwach.

   Psalm 19,14 | Auch von Übermütigen halte deinen Knecht zurück; sie sollen nicht über mich herrschen! Dann bin ich tadellos und bin rein von schwerem Vergehen.

3. *Psalm 51,12.14* | Erschaffe mir, Gott, ein reines Herz, und erneuere in mir einen festen Geist! ... Lass mir wiederkehren die Freude deines Heils, und stütze mich mit einem willigen Geist!

115. Was lehrt der Schluss des Vaterunsers seine Jünger?

Der Schluss des Vaterunsers (der lautet: *Denn dein ist das Reich und die Kraft und die Herrlichkeit in Ewigkeit. Amen.*)[1] lehrt seine Jünger, ihre Ermutigung im Gebet allein von Gott zu empfangen[2] und ihn in ihren Gebeten zu preisen, indem sie ihm das Reich, die Kraft und die Herrlichkeit zuschreiben;[3] sowie zur Bestätigung ihres Wunsches und ihrer Gewissheit, erhört zu werden, „Amen" zu sagen.[4]

1. *Matthäus 6,13b*

2. *Daniel 9,4.7-9.16-19* | Und ich betete zum HERRN, meinem Gott, und ich bekannte und sprach: Ach, HERR, du großer und furchtbarer Gott, der Bund und Güte denen bewahrt, die ihn lieben und seine Gebote halten! … Bei dir, HERR, ist die Gerechtigkeit, bei uns aber ist die Beschämung des Angesichts, wie es an diesem Tag ist: bei den Männern von Juda und den Bewohnern von Jerusalem und dem ganzen Israel, den Nahen und den Fernen, in allen Ländern, wohin du sie vertrieben hast wegen ihrer Untreue, die sie gegen dich begangen haben. HERR! Bei uns ist die Beschämung des Angesichts, bei unseren Königen, unseren Obersten und unseren Vätern, weil wir gegen dich gesündigt haben. Bei dem HERRN, unserem Gott, ist das Erbarmen und die Vergebung. Denn wir haben uns gegen ihn aufgelehnt. … HERR, nach all den Taten deiner Gerechtigkeit mögen doch dein Zorn und deine Erregung sich wenden von deiner Stadt Jerusalem, dem Berg deines Heiligtums! Denn wegen unserer Sünden und wegen der Vergehen unserer Väter sind Jerusalem und dein Volk zum Hohn geworden für alle rings um uns her. Und nun, unser Gott, höre auf das Gebet deines Knechtes und auf sein Flehen! Und lass dein Angesicht leuchten über dein verwüstetes Heiligtum um des HERRN willen! Neige, mein Gott, dein Ohr und höre! Tu deine Augen auf und sieh unsere Verwüstungen und die Stadt, über der dein Name ausgerufen ist! Denn nicht aufgrund unserer Gerechtigkeiten legen wir unser Flehen vor dich hin, sondern aufgrund deiner vielen Erbarmungen. HERR, höre! HERR, vergib! HERR, merke auf und handle! Zögere nicht, um deiner selbst willen, mein Gott! Denn dein Name ist über deiner Stadt und deinem Volk ausgerufen worden.

3. *1Chronik 29,10-13* | Und David pries den HERRN vor den Augen der ganzen Versammlung, und David sprach: Gepriesen seist du, HERR, Gott unseres Vaters Israel, von Ewigkeit zu Ewigkeit! Dein, HERR, ist die Größe und die Stärke und die Herrlichkeit und der Glanz und die Majestät; denn alles im Himmel und auf Erden ist dein. Dein, Herr, ist das Königtum, und du bist über alles erhaben als Haupt. Und Reichtum und Ehre kommen von dir, und du bist Herrscher über alles. Und in deiner Hand sind Macht und Stärke, und in deiner Hand liegt es, einen jeden groß und stark zu machen. Und nun, unser Gott, wir preisen dich, und wir loben deinen herrlichen Namen.

Offenbarung 4,11 | Du bist würdig, unser HERR und Gott, die Herrlichkeit und die Ehre und die Macht zu nehmen, denn du hast alle Dinge erschaffen, und deines Willens wegen waren sie und sind sie erschaffen worden.

4. *1Korinther 14,16* | Denn wenn du mit dem Geist preist, wie soll der, welcher die Stelle des Unkundigen einnimmt, das Amen sprechen zu deiner Danksagung, da er ja nicht weiß, was du sagst?

Offenbarung 22,20 | Der diese Dinge bezeugt, spricht: Ja, ich komme bald. Amen; komm, Herr Jesus!

Synopse mit dem Kleinen Westminster Katechismus

In der Synopse findet sich eine Gegenüberstellung der Fragen/Antworten dieses mit denen des Kleinen Westminster Katechismus.

Dort wo diese leicht abweichend formuliert sind, sind die Nummern *kursiv* gesetzt mit einem Punkt.

Dort wo sie anders lauten, inhaltlich aber die gleiche Thematik behandeln, stehen sie in (Klammern).

Wo es keine vergleichbaren Fragen gibt, sind sie mit einem Gedankenstrich – versehen.

KK Bapt.	KK Westm.	KK Bapt.	KK Westm.	KK Bapt.	KK Westm.	KK Bapt.	KK Westm.
1	1	33	32	65	62	97	(92)
2	2.	34	33.	66	63	98	93.
3	–	35	34.	67	64	99	–
4	3	36	35	68	65	100	(94)
5	4	37	36	69	66	101	(95)
6	5	38	37	70	67	102	–
7	6	39	–	71	68	103	–
8	7	40	38	72	69	104	96.
9	8	41	–	73	70	105	97
10	9.	42	39	74	71	106	(98)
11	10	43	40	75	72	107	99.
12	11	44	41	76	73	108	100.
13	(12)	45	42	77	74	109	101.
14	13	46	43	78	75	110	102.
15	14	47	44	79	76	111	103.
16	15	48	45	80	77	112	104.
17	16.	49	46	81	78	113	105.
18	17	50	47	82	79	114	106.
19	18	51	48	83	80	115	107.
20	19	52	49	84	81		
21	20.	53	50	85	82		
22	21	54	51	86	83		
23	22	55	52	87	84		
24	23.	56	53	88	(85)		
25	24.	57	54	89	–		
26	25.	58	55	90	86.		
27	(26)	59	56	91	87		
28	27	60	57	92	–		
29	28	61	58	93	–		
30	(29)	62	59	94	(88)		
31	(30)	63	60	95	89.		
32	(31)	64	61	96	90.		

VERZEICHNIS DER BELEGSTELLEN

ALTES TESTAMENT

NEUES TESTAMENT

Matthäus

Verzeichnis der Belegstellen

Verzeichnis der Belegstellen

Den Kleinen Katechismus in zwei Jahren auswendig lernen

1. Jahr

1	1. Sonntag	27	27. Sonntag
2	2. Sonntag	28	28. Sonntag
3	3. Sonntag	29	29. Sonntag
4	4. Sonntag	30	30. Sonntag
5	5. Sonntag	31	31. Sonntag
6	6. Sonntag	32	32. Sonntag
7	7. Sonntag	33	33. Sonntag
8	8. Sonntag	34	34. Sonntag
9	9. Sonntag	35	35. Sonntag
10	10. Sonntag	36	36. Sonntag
11	11. Sonntag	37	37. Sonntag
12	12. Sonntag	38	38. Sonntag
13	13. Sonntag	39	39. Sonntag
14	14. Sonntag	40	40. Sonntag
15	15. Sonntag	41	41. Sonntag
16	16. Sonntag	42	42. Sonntag
17	17. Sonntag	43-44	43. Sonntag
18	18. Sonntag	45	44. Sonntag
19	19. Sonntag	46-47	45. Sonntag
20	20. Sonntag	48-49	46. Sonntag
21	21. Sonntag	50	47. Sonntag
22	22. Sonntag	51	48. Sonntag
23	23. Sonntag	52	49. Sonntag
24	24. Sonntag	53	50. Sonntag
25	25. Sonntag	54	51. Sonntag
26	26. Sonntag	55	52. Sonntag

In zwei Jahren auswändig lernen

2. Jahr

Den Kleinen Katechismus in einem Jahr studieren

In einem Jahr studieren

Passend zum Kleinen Katechismus:

Das Baptistische Glaubensbekenntnis von 1689
Robert Kunstmann (Hg.)

1689 wurde in London eine allgemeine Versammlung der reformierten Baptistengemeinden einberufen, bei der das vorliegende Bekenntnis von über hundert Vertretern baptistischer Gemeinden aus England und Wales bestätigt wurde. Es gilt als die bedeutendste Bekenntnisschrift der Reformierten Baptisten.

Als C. H. Spurgeon dieses Bekenntnis 1855 neu publizierte, schrieb er:

„Ich hielt es für angebracht, diese hervorragende Zusammenstellung von Lehren, die im Jahre 1689 von den baptistischen Pastoren unterzeichnet wurde, neu herauszugeben. Wir brauchen ein Banner der Wahrheit. Möge dieses kleine Büchlein das Anliegen des herrlichen Evangeliums unterstützen, indem es klar bezeugt, worin dessen Hauptlehren bestehen. ... Dieses alte Schriftstück ist eine ausgezeichnete Zusammenfassung der Dinge, die von uns mit größter Gewissheit geglaubt werden."

128 Seiten | Norderstedt: Edition-ERB bei BoD, [2002] 2020²

| Hardcover € 15,99 | Softcover € 6,99 | E-Book € 3,99 |
| ISBN-13: 9783751906371 | 9783750469402 | 9783751962100 |